［英］简世勋（Stephen D. King）/ 著　　————　　程静思 / 译

通胀的教训

WE
NEED TO
TALK
ABOUT
INFLATION

中信出版集团｜北京

图书在版编目（CIP）数据

通胀的教训 /（英）简世勋著；程静思译. -- 北京：
中信出版社, 2025. 6. -- ISBN 978-7-5217-7448-1
Ⅰ. F820.5
中国国家版本馆 CIP 数据核字第 20259LW796 号

We Need to Talk About Inflation: 14 Urgent Lessons from the Last 2,000 Years by Stephen D. King
Copyright © 2023 by Stephen D. King
Originally published by Yale University Press
Simplified Chinese translation copyright ©2025 by CITIC Press Corporation
ALL RIGHTS RESERVED
本书仅限中国大陆地区发行销售

通胀的教训
著者： ［英］简世勋
译者： 程静思
出版发行：中信出版集团股份有限公司
（北京市朝阳区东三环北路 27 号嘉铭中心　邮编　100020）
承印者： 北京通州皇家印刷厂

开本：787mm×1092mm 1/16　　印张：15.5　　字数：160 千字
版次：2025 年 6 月第 1 版　　印次：2025 年 6 月第 1 次印刷
京权图字：01–2025–0850　　书号：ISBN 978–7–5217–7448–1
定价：69.00 元

版权所有·侵权必究
如有印刷、装订问题，本公司负责调换。
服务热线：400–600–8099
投稿邮箱：author@citicpub.com

纪念神秘的玛丽·斯莱特里,

　　这是一个迟来的发现。

目　录

推荐序　III

前　言　从通缩到通胀之旅　IX

第一章　通胀复苏　001

第二章　通胀、货币与思想史　029

第三章　政府在通胀中的作用　057

第四章　抵制通胀的理由　083

第五章　对抗通胀，哪些有效，哪些注定失败？　107

第六章　四项通胀测试　131

第七章　经验教训、警示与应对措施　159

致　谢　191

注　释　195

参考文献　221

推荐序

"通货膨胀无处不在，并且总是一种货币现象。"米尔顿·弗里德曼的这句名言，高度概括了货币主义者对于通胀的看法。然而，在现代经济体中，通胀的成因和内在机制是多样的，各国央行对通胀的判断、态度和政策制定也存在差异。汇丰银行首席经济学家简世勋的新著《通胀的教训》，透视了两千年来的货币危机，分析了央行与政府在通胀形成及治理过程中的角色。特别是总结了通胀的"四项测试"准则和十四条经验教训，以作为央行和政策制定者的参考。

作为曾经的中央银行家，作者以史为鉴，总结了抗击通胀的经验得失，为治理通胀提供借鉴。同时，作者也为重新审视通胀提供了更多元的视角。通过作者的观察和分析可以发现，当代的通胀现象，既与传统货币主义者的看法存在明显差别，也与经典宏观理论的假定存在诸多矛盾之处。例如，现代货币理论的基石之一是主张央行独立，认为民选政府能够独立维护货币价值，央行的独立性使其能够避免受到选举周期的诱惑，也不太容易为财政所轻易主导。然而，事实却与此大相径庭。

20世纪80年代的历史经验表明，央行独立远非看上去那么简单。一方面，民主选举产生的政府并不能完全抵挡通胀的诱惑，因为紧缩政策在政治上终究不能成为取悦选民的政策选择。相反，对于政府和政治家而言，印钞始终有着致命的吸引力——它既是增税或减支的绝佳替代方式，又可以隐蔽地掠夺民众储蓄，还能避开紧缩政策所带来的政治阻力与社会不满。这也印证了货币主义者的名言——通胀是"与印刷机有联系的现象"。

另一方面，作者还观察到，虽然理论上央行独立有助于货币政策摆脱政治时间表的束缚，但事实上，央行在面对真正艰难的政策抉择时，尤其是当消除金融体系中的过度通胀需付出重大代价时，仍需要寻求某种形式的政治支持与认可。20世纪80年代初，英格兰银行成功抗击通胀的重要基础，是时任首相玛格丽特·撒切尔夫人的支持。通胀治理所伴随的巨大代价，往往离不开政治支持，特别是通胀挑战越严峻，解决方案就越有可能带有显著的政治色彩，客观上也更需要政治干预。因此，如果说央行有能够脱离政治光谱的时刻，那也只能存在于通胀率低且稳定的少数时期。

回溯历史，无论是封建君主为筹集战争经费、满足奢侈消费，还是现代政府为推动增长而放松财政纪律、削弱央行独立性，货币超发都被视为通胀的源头。也正如这本书的作者在其另一部著作《货币放水的尽头：还有什么能拯救停滞的经济》中所阐述的观点，央行过度放松货币供应，终将导致通胀之祸。但是，现代通胀是否都源于货币超发？或者，货币宽松是否必然导致通胀呢？这些在理论上原本看似确定的答案，在审视过去30多年世界宏观经济实践时，显然已经不是那么确定了。

当代各国政府所面临的经济现实错综复杂，传统观念中"货币政策负责抑制通胀，财政政策负责稳定经济"的观点，显得过于教条，甚至是脱离现实。现代宏观经济政策的多种组合可能性，使宏观调控日趋复杂。财政部与央行作为两大核心机构，都具有担当宏观政策主角的能力。当财政坐在驾驶席上，央行充当副驾驶时，中央银行家显然难以独自承担债务膨胀和通胀失职之责；而即使当央行处于驾驶席时，如前所述，央行要实现完全独立也面临挑战。更何况，央行需要兼顾多个政策目标，这可能导致其同时采取方向相反的政策——例如，对抗通胀的有力措施往往会削弱增长，或是导致更多失业，这都会将央行置于政策困境之中，最终将由政治决策来确定政策方向。

在过去几十年中，对通胀控制保持乐观态度是幸运的。就如美联储前主席本·伯南克曾坚称的："我对未来持乐观态度，因为我坚信货币政策制定者不会忘记20世纪70年代的教训。"在新冠疫情暴发前的30多年间，除个别国家出现局部、偶发的小幅通胀外，全球主要经济体的通胀几乎都处于休眠期。特别是

推荐序 V

2008年全球金融危机发生后，主要发达经济体都经历了较长的货币宽松时期，持续大规模货币放水与极低利率环境并存，却没有出现明显通胀，"低利率、低通胀、低增长"似乎成为世界经济的常态。此外，甚至在日本等一些长期遭受通货紧缩之困的国家，通胀仿佛已经消失，"安倍经济学"的本质就是通胀经济学。汇丰银行前首席经济学家罗杰·布特尔在其著作《通胀的终结》中甚至宣称："通胀已死。"

正因如此，在20世纪七八十年代曾经让政策制定者心生恐惧的通胀幽灵，如今似乎却变成了对政策制定者充满诱惑的天使。各国央行始终对通缩保持警惕，更愿意相信"日本式通缩"才是真正的风险所在，而认为通胀问题不足为虑。在新冠疫情发生初期，尽管通胀警示信号红灯闪烁，但各国央行却迟迟不愿加息，政策当局普遍认为通胀只是暂时性的，而且很快就会消失。学术界也更倾向于将其解释为疫情封锁造成的供应链冲击，以及俄乌冲突等地缘政治纷争的外溢效应，特别是与制裁俄罗斯带来的能源短缺与价格飙升有关。因此，政策制定者选择继续维持宽松货币政策，这也是政治压力最小的选择。

但是，通胀真的消失了吗？事实上，虽然通胀长时间沉寂，但从未真正离去。正是中央银行家和经济学家对通胀警示信号的漠视或淡化态度，以及政策制定者的犹豫和绥靖政策，最终让通胀在2021年又卷土重来。主要发达经济体所经历的高通胀，既表明货币超发仍然是通胀的潜在推动力量，也表明在错综复杂的宏观环境下，引发通胀的因素日益多元化。因此，央行及时、准确地识别通胀信号，决策者果断采取行动至关重要，尽管这可能面临政治压力和社会阻力。为此，《通胀的教训》提出了"四项测试"准则来判断通胀风险，以期为央行行长和政策制定者有效管控通胀风险提供指南。

当下，由美国挑起的全球贸易战震惊世界，其造成的贸易秩序混乱和规则破坏，既扰乱了全球生产分工和供应链体系，也必将使国别间总供求出现重大错位。一方面，逆差国将面临总供给跟不上总需求的局面，进而引发价格显著上涨；另一方面，顺差国则可能因短期内出口显著下滑，加剧内部总需求不足的矛盾，面临通缩压力。这种复杂的总量与结构性失衡，很可能将2008年以来持续宽松政策所累积的货币"柴薪"再次点燃。目前，贸易逆差国本就存在显著的通胀压力，贸易战恰似火上浇油，而顺差国的产能压力也将难以缓解，无异于雪上加霜。以邻为壑的贸易战，将使通胀与通缩并存的世界经济难以实现互补与双赢，并将对各国居民生活造成显著伤害，也抑制全球经济增长。

以有效抗击通胀而闻名的美联储前主席保罗·沃尔克曾犀利地指出，随着经济现实的改变，政治环境也在发生变化，就连货币主义者都不再认为"通胀最终是一种货币现象"，这在现代政治体系中正引起日益广泛的共鸣。直面当下的世界经济与政治格局，各国央行需要更多地对通胀保持高度警惕，而不仅是重点关注通缩风险,《通胀的教训》的作者所总结的历史教训和经验建议,无疑将大有裨益。

张立洲
《重塑经济增长》作者

前　言
从通缩到通胀之旅

通胀的意外回归——追溯"日本问题"的时代——通缩的迷思——我的四个担忧

从通缩到通胀

2021年，通货膨胀在沉寂数十年之后苏醒。起初，政策制定者认为价格上涨只会局限于特定领域，比如，受新冠疫情影响，全球供应出现短缺，二手车和半导体等行业出现了明显的通胀迹象，而其他商品的价格依旧"保持稳定"。因此，尽管通胀势头加剧，各国中央银行的行长却迟迟不愿加息，他们认为通胀很快就会消失。

然而，通胀并未消退，反而愈演愈烈。虽然俄乌冲突推高了能源价格，为20世纪70年代（甚至更早）以来最严重的通胀提供了看似合理的解释，但这并非唯一原因。多个领域出现了价格上涨的压力。劳动力市场异常"紧张"，职位空缺大幅增加，工资水平也在上涨。一些经济指标显示，实际利率（即名义利率减去通胀率）正在下滑，这暗示着"独立"央行可能正在重蹈50年前政治前辈的覆辙。而不久之后，那些忽视通胀上升趋势的人可能会在市场上遭受重创。[1]

通胀的再次出现代表了全球经济发展的一个分水岭时刻。在过去30年的大部分时间里，政策制定者和投资者都更关注通货紧缩的风险，即工资和价格下滑，利率降至零或略低于零的可能性。人们认为发达国家正逐渐步入"日本式"的经济困境。因此，通胀不仅不太可能回归，而且难以想象。

的确，日本在20世纪90年代经历的经济衰退，最初被视为一个"孤例"，鲜有国际先例可循。然而，随着21世纪初美国科技泡沫破灭，紧接着8年后全球金融危机汹涌而至，原本局限于"日本问题"的困境，逐渐演变为全球性挑战。在欧洲和北美，人口老龄化趋势越发严重，债务规模持续攀升，资产价格下跌，银行频频陷入破产困境，经济增长动力疲软，价格水平持续下滑。

通胀复苏

回首过去，20世纪70—80年代抗击通胀的坚定决心，如今已成了历史长河中的一抹淡影。我最初也坚信,当前货币领域的主要威胁仅在于通缩,或是轻微的通胀。然而,随着时间的推移,我越发觉得"日本式通缩"的论断过于片面。经过深思熟虑,我逐渐认识到,通缩可能不再是唯一需要关注的议题。

我的担忧主要聚焦于四个方面。第一,我们所经历的低通胀在一定程度上可能是全球化这一积极力量的结果。简而言之,随着资本在世界各地寻找廉价劳动力,我们这些有幸生活在发达国家的人可能会受益于越来越便宜的进口商品。在这种背景下,价格相对于工资和利润呈现下降趋势,让"实际收入"增加。这种"良性"的通缩,与19世纪晚期的情况颇为相似。然而,一旦全球化进程出现逆转——正如我在《世界不是平的》中警告的那样——那么这些原本由"通缩"带来的收益,恐怕将转变为"通胀"的损失。[2]

第二,新冠疫情暴发后,经济学家和决策者开始频繁讨论"经济伤痕"的问题。他们认为,即使封控结束,经济也无法立刻恢复到"正常"状态:由于不同经济体恢复开放的步伐不一,全球供应链难免受到阻滞,加之疫情发生后累积的债务水平飙升,无疑给未来的增长前景蒙上了一层阴影。在我看来,"经济伤痕"还揭示了一个被普遍忽视的重要风险。一旦"供应"无法及时匹配新释放的"需求",通胀将成为必然结果。而对于那些致力于"重建更好未来"的政府而言,虽然利用通胀作为减轻债务负担的手段是政治上的权宜之计,但从经济长期发展的角度来

看，这并非理想的选择。³

第三，疫情期间，经济活动受到重创，堪比20世纪30年代初期的大萧条，但两者的后续发展截然不同。没有银行倒闭，没有出现严重的通缩，没有大规模破产，失业率也没有持续攀升。得益于贷款担保、现金补助和休假计划等财政政策，经济基础得以保全。然而，货币政策放松，似乎我们正处于另一场大萧条时期金融灾难的边缘。但事实证明这一担忧是多余的，政策当局在稳定价格方面表现得犹豫不决，直到通胀压力加剧，才不得不采取行动，但为时已晚。

第四，央行似乎过于自信，坚定地认为无论近期发生什么，它们的政策在公众眼中都始终可靠，从而断言通胀失控的可能性微乎其微。我认为这是对历史的严重误读，也是我撰写本书、深入探讨疫情发生后通胀问题的重要原因之一。将通胀的根源简单地归咎于俄罗斯，不过是一种事后寻求便利解释的做法（这种做法似曾相识，似乎正是政策制定者在20世纪70年代初所惯用的）。诚然，如果没有俄乌冲突，通胀率或许能够维持在较低水平，但想要回到所谓的"目标"水平，绝非易事。

2021年5月，我为《旗帜晚报》撰写了一篇文章，概述了我对通胀的一些观点。⁴我并非唯一担心通胀的人：美国前财政部长拉里·萨默斯和白宫经济顾问委员会前主席贾森·弗曼已经对美国日益严重的通胀压力发出了警告；⁵马丁·沃尔夫也在《金融时报》上发表文章，警示全球范围内通胀的再次抬头。⁶值得一提的是，曾经宣称"通胀已死"的罗杰·布特尔，如今也开始撰写关于通胀复苏的文章。英格兰银行首席经济学家安迪·霍尔丹早在2021年2月就发出警告，指出通胀风险正趋于上升。而在更早之前，理查德·库克森就代表彭博社强烈地批评了那些忽视通胀问题的人。[7]

在《旗帜晚报》的文章中，我指出："许多人，尤其是世界各国的中央银行家认为，近期的通胀上升将在数月内自然消退。"我进一步补充说："我们的决策者依然维持着货币和财政政策的宽松态势……与20世纪70年代初期一样，然而，经济规则已经改变……但他们似乎仍停留在那个早已不复存在的旧世界中，这无疑增加了犯错的风险。"

如今，这些错误越发明显，尽管许多中央银行家和经济学家坚信当前的高通胀率将自行消退且永不复发，但值得深思的是：为什么预警被置若罔闻？问题究竟出在哪里？这是否仅仅是央行的失误，还是中央银行家只是政客手中的棋子，被迫容忍更高的通胀水平？如果真是这样，这种容忍又将带来怎样的后果？它将如何影响人们的生活水平、收入、财富分配不均、央行信誉以及未来几年的政治稳定？

本书分为几大部分。在前言中，我首先设定了本书的背景，随后深入探讨以下几个核心部分：第一，通胀的历史脉络及其与货币政策的微妙关系；第二，印钞机及其诱惑；第三，通胀对民主的深刻影响；第四，消除通胀的困难。接着，我深入剖析了近期应对通胀的一些失败案例，并据此提出了央行行长以及其他决策者应当采纳的"四项测试"准则。最后，我从两千年的历史中总结出十四条紧急的经验教训，并对未来如何更有效地管理和控制通胀风险提出了深刻的思考。

其他人因不同的理由警告通胀可能会卷土重来，其中最为显著的原因是人口老龄化对劳动力价格的影响。然而，我基本上会避免这种"冲击"论点，一定程度上是因为这些论点尚未在日本得到验证。尽管日本面临着巨大的人口压力，但却难以形成有意义的通胀。[8]相反，我更倾向于关注央行政策、货币动态、政府决策以及政治偏好的作用。

虽然通胀时常沉寂，但从未真正离我们远去。在我撰写本书之际，通胀再次复苏。深入了解通胀的成因以及必要的应对措施，无疑是我们这个时代最关键的经济议题，甚至可以说是重大的政治议题。

第一章

○

通胀复苏

回顾 20 世纪 70 年代我的童年——伊斯坦布尔市中心的扭曲——动摇价格机制——为后疫情时代的通胀飙升开脱——通胀比通缩更可怕

从历史遗物到残酷现实

从20世纪80年代末开始,通胀逐渐被视为历史遗物。20世纪40年代末和50年代初,曾短暂地出现通胀,而后价格在60年代末尤其是70年代开始迅速飙升。在那之后,大多数人渐渐习惯了"价格稳定"[1]的常态。不可否认的是,也有一些不光彩的例外:阿根廷和土耳其通胀过度;战后匈牙利、苏联,以及近年委内瑞拉和津巴布韦都发生过恶性通胀。然而,随着时间的推移,政策制定者似乎找到了防止工资和价格无止境上涨的最佳方法。事实上,有时候政策制定者似乎过于成功了:2008年全球金融危机之后,工资和价格都下跌的通缩成为更大的威胁。人们普遍担心,西方发达国家有可能重蹈日本经济紧缩的覆辙,与经济停滞展开长达数十年的拉锯战。[2]

然而，就在我撰写本书之际，通胀再次悄然而至，并且越发严重。政策制定者们对于通胀卷土重来的原因看法不一。有些人认为罪魁祸首是新冠疫情，而另一些人则归咎于俄罗斯。但鲜有人愿意承认，通胀的出现也许反映了更深层次的问题。央行行长们对通胀的预测显示，任何短期内的上涨都是暂时的，他们认为在两三年内，通胀将回归至大约2%的"目标水平"。这一观点也得到了大多数预测者的认同。然而，回归到过去的通胀水平的可能性极低，而且似乎已变得遥不可及。

这一结论或许是对历史的片面解读。虽然通胀有时会潜伏，但从未真正离我们远去，总是可能卷土重来。通胀的根源在于，它与不断变化的经济政治现实之间错综复杂的关系，而不在于央行的货币政策水平。从政治角度来看，通胀往往被视为一种简单的逃避方式。短期来说，与根除通胀的痛苦相比，容忍通胀要容易得多。然而，从长远来看，容忍通胀只会带来遗憾的结局。因此，我认为通胀是隐蔽且难以对付的敌人，对经济、政治和制度框架都可能造成难以估量的伤害。

图书价格、价签和零花钱

在展开讨论之前，我想先带大家回顾我的童年时光。我成长于 20 世纪 70 年代，那时，在买书和领取零花钱的过程中，我亲身体验了令人不悦的通胀。书籍的价格只涨不跌，我时常看到心仪的平装书的封底上，原本的价签被覆盖上新的，新价签上的数字总是比原来更高。每每看到这样的场景，我都有一种想要撕掉那层新价签的冲动，但胶水往往粘得十分牢固，让我无从下手。偶尔幸运眷顾，我能在书架上找到尚未贴上新价签的书籍，但大多数情况下，我只能无奈接受比几周前经过讨价还价后还要高昂的价格。

这就是通胀的直观体现。书籍可能是一两年前出版的，除了新贴上的价签，书中的故事、文字、内页和封面都毫无变化，但价格却上涨了。对于依靠固定零花钱生活的我来说，这无疑是个坏消息。我的"生活成本"在不断提高，而我的"收入"却停滞不前。然而，从书店或出版社的角度来看，这或许是个好消息，比如 1972 年以一定成本生产出来的书籍，到了 1974 年就能以更高的价格售出。当然，其间出版社的成本和书店的房租可能会上涨，导致纸面上的"利润"被更高的工资和贪婪的房东所侵蚀，但这并不在我的考虑范围内。

事实上，并不是书籍比沙发、相机或牛肉更贵，而是货币相对于书和其他商品来说贬值了。如果有伊妮德·布莱顿儿童图书的成熟二手市场，我也许会经常光顾。我可能会收藏《五伙伴历险记》，在几年之后以高价售出。然而，那时候没有像 eBay（线上拍卖及购物网站）这样的网站，我也无力承担昂贵的广告费。

土耳其洗衣机

　　一些人正是以囤积货物的方式来应对通胀的。当价格迅速上涨时，人们宁愿持有商品而不是货币。以20世纪30年代的土耳其为例，当时该国经历了严重的通胀——这只是多年来通胀阶段中的一个缩影——伊斯坦布尔的一些批发商开始大量囤积洗衣机，打算未来以更高的价格出售。[3] 他们的"存款"以厨房电器的形式保值。与此同时，那些持有大量土耳其里拉的人为了保护自己的积蓄，选择购买进口豪华车。由于外汇兑换管制，将土耳其里拉兑换成具有抗通胀能力的美元、德国马克或英镑十分困难。这些汽车迷宁愿拥有慢慢贬值的外国资产，也不愿意持有迅速贬值的国内现金。

　　从土耳其社会整体的利益来说，洗衣机应当进入千家万户，而非在仓库里闲置积灰。同样，减少进口宝马、奔驰等豪华轿车，有助于改善土耳其的国际收支平衡。然而，那些急于保护自己"财富"的人，宁愿选择囤积洗衣机和豪华汽车。通胀创造了反常的刺激，扭曲了经济决策，让原本不合理的选择完全合理化。就拿我童年时买书的经历来说，为了追赶通胀的脚步，书店必须雇用工作人员来调整价签。如果没有通胀，那么这一岗位完全没有存在的必要。从这个意义上来说，正是通胀催生了徒劳的工作，让人们做出奇怪的选择。

相对价格变化

无可否认，无论通胀如何，价格总是在不断变动。比如，每天的傍晚时分，街上新鲜蔬菜的价格通常最低，因为商家要清理库存。算法实时地计算着航班座位的"市场出清"价格，因此今天的价格可能与明天的截然不同。超市的"买二送一"促销也是为了尽快清理库存。有时，为了"提高单价"，公司甚至会缩小商品的体积。例如，与20世纪90年代相比，现在市场上的玛氏巧克力棒重量有所减轻。[4] 随着技术的进步，我们可以更轻松地调整价格。

以上都是相对价格变化的例子：一件物品的价格相对于其他物品的价格上涨（或下跌）。这些例子中的价格变化不代表价格不断上涨的通胀，也不是价格不断下跌的通缩，而是展示了亚当·斯密提出的"看不见的手"。正如这位伟大的苏格兰经济学家和哲学家在其著作《国富论》中讽刺自私商人的动机和行为时所说的：

> 他通常……并无意去促进公众的利益，也不知道他促进了多少……他引导劳动去生产能具有最大价值的产物，因为他追求的只是个人的所得，而在这一点上他就像在其他许多场合一样，他总是被一只看不见的手牵引着去促进一个他全然无意追求的目的。而且也并不因为他没有任何这种意图，就对社会更坏。他在

追求个人的利益时，时常比他真实地有意促进社会利益时还更加有效地促进了社会的利益。[5]

价格机制实际上就是这只"看不见的手"。无论是消费者还是生产者，我们都在不同程度上对其做出反应。如果某种商品的价格上涨，我们作为消费者可能会减少购买，但生产者则可能加大产量。价格同时传递了数百万个市场中供求关系的信息，而我们往往不自觉地根据这些信号调整自己的行为。然而，当我们对价格信号做出反应时，我们不仅改变了自己的决策，也间接地影响了他人的行为。聪明的数学模型显示，在特定假设下，价格机制能够引导经济达到最优的资源配置效果。但这也意味着，一部分人的财富增长往往伴随着另一部分人的相对贫困。[6]更重要的是，这些模型还表明，某些经济制度，如中央计划制或公共部门及企业内部的"非市场"行为，难以实现理想的效率。在缺乏价格"信息"的情况下，我们很难准确判断消费者的真实偏好，也难以准确评估市场中的短缺情况。

新冠疫情和价格信息缺失

出人意料的是，在新冠疫情发生后价格信息的重要性逐渐凸显。多次疫情防控之后，很多市场关闭，导致价格信息缺失。一些市场甚至整体消失了。餐厅、酒店和剧院一关就是几个月。全球供应链支离破碎。外来打工人员返乡，工人辞职或搬到乡下，招聘也暂停了。当防控结束，市场重新开放时，"经济无知"的特别状态开始显现。

毫无疑问，供求情况已经改变，然而，价格还停留在几个月前的水平。服务员短缺，但他们的工资却跟疫情发生前一样。餐厅菜单的价格并没有体现出服务员短缺的情况。几次防控之后，消费者手里存下了大量现金，想买新车，但全球零件短缺，所以只好耐心等待，这又让二手车的需求量激增，价格飙升。而许多伦敦出租车司机要么退休，要么转换了职业轨道，出租车公司招聘不到新的司机，乘客们常常在周六晚上打不到回家的出租车。

尽管通胀的影响与防控不尽相同，但两者之间有着密切的联系。最明显的是，要准确判断是否发生通胀，必须依赖尽可能多的市场保持"活跃"，并持续记录价格变化。在英国，负责收集和汇总月度通胀数据的机构是英国国家统计局，该机构在新冠疫情发生后面临显著挑战：由于市场价格失真，需要收集和处理比以往更多的数据。从这个意义上来说，疫情期间的通胀数据比平时更难以准确反映实际情况（即便在"正常"时期，消费者价格也存在一定程度的失真，比如螺丝刀代表英国标准工具包的价格，但螺丝刀的形状和尺寸有着很大差异）。[7]

即使通胀得到"准确"衡量，也有一些异常的情况，让我们无法看清真实的经济情况。就像通过一个随机扭曲的镜头来观察世界，只会破坏我们对经济现实的感知。在现实生活中，我们几乎无法区分相对价格变化（由短缺或过剩引起的变化）和总体价格变化（仅仅反映货币相对于其他任何事物的价值损失）。我小时候也经历过这样的困境。如果书籍的价格在一年内上涨三四次，而我的零花钱每年只增加一次，那么我的购买力在一段时间内就会"滞后"，只能寄希望于运气，希望有一天能追赶上书籍价格的涨幅。然而，在现实生活中，我永远无法确定书籍的价格相对于其他所有商品的价格是上涨还是下跌，而且我还不知道自己的零花钱是否会随着书价的上涨而增加。

假如整个社会都陷入这样的通胀循环，那么无论是短期还是长期，都会出现赢家和输家。那些输家目睹幸运的赢家获得不公平的收益，心中逐渐积累愤怒，社会信任开始坍塌。实际上，通胀是一个随机且不公平的机制，它悄悄地从一些人手中夺走财富，同时让另一些人的财富增长。那些现金储蓄有限的人，尤其是穷人和退休金领取者，受到的冲击尤为严重，因为他们缺乏足够的金融知识来"守护"自己的储蓄。而大举借债的人，例如政府、购房者和企业，则成了赢家：尽管借贷成本上升，但随着时间的推移，他们的债务相对于增长的收入会减少。工会可能会频繁地组织罢工，通过谈判争取"抵御通胀"的工资增长。自由职业者或做小生意的人可能会发现，自己的收入难以跟上通胀的步伐。大公司能轻而易举地把成本上涨转移给顾客，但这些公司的供应商或其他高度竞争环境下的公司则不会如此幸运。

任何社会都会产生相对意义上的赢家和输家。这在一定程度上是可以理解和容忍的。大多数人不会因为埃隆·马斯克或杰夫·贝佐斯积累巨额财富而夜不能寐（虽然我们反对寡头独裁者积累的财富）。然而，我们也不能忽视，在某些困难时期，一些行业及其从业者可能会面临困境。我们希望通过国家干预来解决财富、收入和机会不平等带来的后果，包括计划经济中的公有制、其他自由市场经济中的或有税收和福利制度。

列宁的"货币贬值"

然而，通胀更随机地创造了赢家和输家。实际上，通胀是一个非民主的过程，这也是约翰·梅纳德·凯恩斯在分析《凡尔赛和约》谈判时提出了以下观点的理由：

列宁曾说，摧毁资本主义制度的最佳方式是摧毁其货币。政府可以通过持续不断的通胀悄悄没收民众的财富。[8]

列宁是否真的这么说过并不重要（他偏爱的革命行动方式似乎是暴力和印钞的结合：尽管很难获得数据，但在苏联成立早期，通胀似乎已经高得惊人）。我们无从得知列宁是否完全清楚，在民主制度下，选择通胀道路的政府可能会在选举中落败。然而，这个看似虚构的故事仍有一定的真实性。通胀是有效的隐性税收工具，有利于政府财政。那些拥有的资产主要是现金或低收益政府债券的人，特别容易受到冲击。随着时间的推移，他们的实际资产会不断缩水。而政府的财政状况得以改善：现有政府债务的价值将相对于"通胀"上升的国民收入而言下降，而只要通胀率高于利率（在这种情况下，所谓的"实际"利率其实是负利率），这些债务的利息负担会越来越轻。

　　通胀催生的腐败案例屡见不鲜，很多都与政治野心或经济外交现实冲突有关。典型案例包括第一次世界大战后德国和奥地利的恶性通胀，还有几十年来阿根廷历届政府与阿根廷国内外债权人的争斗。这些事件表明，通胀不仅仅是过度宽松的货币政策导致工资和价格上涨的技术过程。从短期政治角度来看，通胀可以作为一种逃避手段，一种对储蓄者"隐性"征税的方式。正如埃德蒙·德瓦尔在《琥珀眼睛的兔子》[9]中生动地描述的那样，埃弗吕西家族的维也纳分支是一个富裕的犹太家族，最初在黑海从事商品贸易起家，后来移居西欧。出于爱国之心，他们将大部分财富投资于奥匈帝国的战争债券，以此表达对第二故乡的感激之情。但在一战后，由于通胀，埃弗吕西家族的名义资产大幅缩水，几乎变得一贫如洗。更糟糕的是，在20世纪20年代，他们的金融爱国主义毫无好处，反而因为反犹太主义成为欧洲大部分地区政治上的可行选择，让他们的处境雪上加霜。

失去信心

　　这种盗窃式的通胀行为会引发一系列后果。政府和央行希望通过温和的通胀来改善财政状况，但此举很可能让民众采取补偿性的行动。简而言之，风险在于人们对货币和财政权威部门失去信心。这样一来，人们越来越想摆脱货币。毕竟，如果政府明确表示货币会越来越贬值，人们为什么要保留它呢？在浮动汇率的世界中，如果没有汇兑和资本管制，这种情况最直接地反映在外汇市场上：如果某种货币的信用不如其他货币，这种货币就可能会贬值，因为那些有富余资金的人会将自己的资产兑换成"更安全"的货币。货币贬值会导致"贬值"国家的进口成本上升（需要更多的本国货币来购买一定数量的外币），这会进一步加剧国内的通胀。为了应对更高的进口成本，零售商必须提高销售价格，而工人们则会要求提高工资以补偿价格上涨带来的生活压力。

　　在这种情况下，如果政府或央行坐视不管，不采取行动阻止本国货币在外汇市场上贬值，人们可能会拒绝接受本国货币，这将逐渐演变成全国性甚至是国际问题。人们通常会把手里的现金兑换成更"坚挺"的外国货币，或者像土耳其人在20世纪90年代做的那样，购买能够抵御通胀的"实物"资产，以尽快摆脱手中的国内货币。然而，这是一个自我强化的过程。例如，想象一下，许多美国人担心通胀持续上升，这反映了大家普遍认为官方对稳定价格袖手旁观。一旦足够多的人决定将自己的现金储蓄转换成耐用品，耐用品的价格就会上涨，货架上的商品将被抢购一空。到一定时候，当局决定"印刷"更多货币，希望能创造足够多的资金，推高需求，跟上价格上涨的水平。但遗憾的是，这种做法只会让民众更加怀疑当局稳定货币价值的能力，他们会更快抛售手中剩余的货币。最终，最初只是对货币贬值的担忧可能会演变为真正的恶性通胀。正如我们将看到的那样，恶性通胀不仅意味着货币超发，更反映了公众对货币作为价值储存和交换媒介的信任崩溃。

并不是每个人都乐于看到恶性通胀

断言每次通胀都会演变为货币急剧贬值的恶性通胀是愚蠢的。恶性通胀的破坏力巨大，可能导致社会动荡，引发持续的政治冲突。为了避免这种可怕的后果，大多数政府和央行都会积极采取措施来稳定货币。然而，保持货币稳定与避免货币崩溃是两个不同的目标，两者之间并非泾渭分明。在不同时期，这些目标的优先级和结果也有所不同。例如，在20世纪70年代，一些国家视通胀为必须承受的代价，因为当时的首要任务是减少失业。那个年代的政策制定者做出这种选择是可以理解的：毕竟，他们都经历过20世纪30年代大萧条带来的深重失业问题，对真正的大规模失业有着深刻的记忆。然而，随着时间的推移，如果不解决通胀，失业问题也无法解决。这要求政策制定者更新知识，转变思维，最终彻底调整政治目标。这些变革并非一蹴而就，而是需要时间逐步实现。

事后看来，判断通胀是相对简单的。很多情况下，特别是自20世纪初以来，数据足够可靠，能够证明通胀何时出现。然而，有些国家会"掩盖"通胀，希望官方的否定可以缓解民众对通胀的恐惧情绪。讽刺的是，往往是那些通胀最严重的国家试图掩盖通胀。以克里斯蒂娜·费尔南德斯·基什内尔执政时期（2007—2015年）的阿根廷为例，她要求阿根廷的国家统计数据粉饰通胀的严重程度。国际货币基金组织批评了这种行为，称这样只会进一步削弱阿根廷的货币和财政权威。[10] 阿根廷的统计数据显示，2007—2017年，阿根廷的年平均通胀率为9.2%，但国际货币基金组织的数据表明，2013—2020年，阿根廷的年平均通胀率为132%。

价格稳定的功劳：走下神坛的货币大师

然而，即使我们可以自信地区分通胀（以及通缩）时期与价格稳定时期，也难以阐明从稳定过渡到不稳定背后的原因。近几十年来，许多人以为通胀已成为历史的尘埃。诚然，经济相对落后的国家可能仍然受到通胀问题的困扰，但对于北美、欧洲大部分地区以及日本而言，通胀已不再是政策制定的主要关切。央行的首要职责是维护价格稳定，因此在央行获得独立地位之后，创造通胀的政治动机已经消失。与此同时，央行行长们也乐于为此贡献自己的力量。2004 年，在成为美联储主席的两年前，当时还是美联储委员会成员的本·伯南克辩称：

货币政策不仅在降低通胀波动方面发挥了显著作用（这一点并不特别有争议），而且有助于平滑产量波动……我对未来持乐观态度，因为我坚信货币政策制定者不会忘记 20 世纪 70 年代的教训。[11]

这种乐观主义至少在两个方面失之偏颇。首先，2008 年全球金融危机表明，即使通胀在很大程度上得到抑制，经济也有可能崩溃。任何称职的经济史学家都知道这一点。例如，在 1929 年华尔街崩盘和两年后的大萧条之前，通胀并不明显。伯南克作为研究 20 世纪 30 年代美国经济事件的专家，对两者的关联视而不见，实在令人惊讶。其次，自新冠疫情暴发以来，通胀突然飙升，严重动摇了"通胀只是央行技术官僚可以轻松应对的挑战"这一观点。如果是这样，为什么上涨得这么快？为什么美联储主席杰罗姆·鲍威尔不再将通胀描述为"短暂的"，反而承认通胀问题比以往认识到的更棘手？在英国，为什么看似短暂的现象会迅速演变成"生活成本危机"？为什么通缩的欧洲突然陷入了通胀？

后疫情时代的通胀飙升

我们有必要在历史背景中审视新冠疫情发生后的通胀上升。2021 年，美国的平均通胀率达到了 7%，这是自 1981 年以来的最高水平。而英国当年的通胀率为 2.6%，略高于官方 2% 的水平。然而，到 2022 年，英国的通胀率却飙升至两位数，达到自 20 世纪 80 年代以来的最高水平。2022 年下半年，欧元区的通胀率也达到了两位数，是自 20 世纪 90 年代末有数据记录以来的最高水平。仅就德国而言，通胀率可能达到了自 1949 年联邦德国成立以来的最高水平。[12]

在经济预测领域，如此高的通胀率几乎令人难以置信。无论通胀上涨背后的原因是什么，首先，整个预测界都未能预见到通胀的风险。在美国、英国和德国，通胀率最终都超出了几个月前的最高预测值。而且，随着时间的推移，通胀持续不断地超出预期。

当然，为这些后果找借口并不难：比如新冠疫情引发的供应短缺，以及乌克兰危机导致的能源和粮食危机。各国央行纷纷以此为由，声称大部分通胀与货币政策无关，而是简单地将其归咎于"时运不济"。央行行长信心满满地认为通胀最终会回到正轨，所以在通胀飙升的初期，他们并没有调息，直到2021年底和2022年初才首次稍微上调利率。

尽管如此，通胀率与政策利率之间的差距仍在持续扩大。尽管利率有所上升，但其增速远不及通胀的涨幅。不愿收紧货币条件无疑反映了央行认为通胀上升只是暂时的。通胀预期指标在一段时间内相对稳定，也进一步强化了这种观点，表明公众、金融市场参与者和央行行长们并未重视。

公众信心的坍塌速度可能比官方的更快

然而，对于这些观点，我们应该持审慎怀疑的态度。纵观历史，公众对于一种货币和货币管理机构的信任可能迅速转变。即使政策制定者的初衷是好的，也难免犯错，当他们陷入群体思维时更是如此。他们可能轻视或误读历史教训。即便是"独立"的央行行长,也难以完全摆脱政治的影响。政府官员有权调整央行的职能,并且确实有过这样的先例。此外,央行的关键决策者也往往由政府官员任命。因此,央行行长们深知,如果他们忽视政治现实,最终可能失去独立地位,至少难以再获连任。

更糟糕的是,央行行长有时会面临一个尴尬的现实,即央行负责的货币政策和政府掌管的财政政策之间存在重叠。最初,为了应对全球金融危机,央行采取了量化宽松政策,事后证明这类政策会令人上瘾。[13]第三章将详细探讨这一现象。

经验法则

不可否认的是,有的央行行长愿意超越政治纷争,但即使这样,也无法保证价格稳定。在反思20世纪70年代失业率和通胀率双高的"滞胀"经济时,伯南克表示:

> 首先,在那段时间,央行行长似乎过分乐观,认为积极的货币政策能够抵消产量冲击,并实现长期的低失业水平。其次,货币政策制定者低估了货币政策对通胀的影响,认为通胀在很大程度上是非货币因素造成的……在那段时间,政策制定者越来越倾

向于把通胀归咎于成本的推动,而非货币政策。当时的普遍看法是,各种因素导致了成本推动的冲击,包括工会的工资压力、垄断性企业的价格上涨,以及由于供应端变化导致的石油、牛肉等大宗商品价格上涨等。[14]

简单来说,经济发展不仅仅是因为科技进步、国际竞争和商品价格冲击。我们对经济的看法也在不断演变。这种变化深受我们共同的经历的影响。大多数人并非依靠复杂的经济模型和数学公式来做决策,而是依赖经验法则行事。然而,经验法则会随着经济环境的变化而改变。随着变化发生,央行行长们将面临更大的挑战。他们精心构建的复杂模型可能会失效,因为这些模型假设我们的经验法则将始终保持不变。但如果我们都在逐渐摒弃旧的经验法则,而央行行长们仍坚守这些已不再适用的法则,那么他们的经济观点将更加不准确。

回顾20世纪70年代,政策制定者的主要目标是降低失业率。从表面来看,这的确是一个无可争议的目标。毕竟,谁会反对失业率应该越低越好呢?传递的信息很明确:央行不会采取措施应对通胀,一方面是因为这样做会威胁劳动力市场的目标,另一方面是因为通胀通常被视为"非货币事件",是不可控的外部因素导致的,而非政策失误。保持价格稳定根本不是宏观政策的目标。

这种做法放任了通胀自由发展。对于企业而言,需要采取的行动很简单:尽量提高价格,尽快将成本转嫁给消费者。对于职员来说，尤其是那些强大的工会的成员，信息同样明确：政府会有力地保障你的工作，所以尽量要求涨工资。政策制定者面对这种情况，通常采取的应对措施是实施价格和收入限制。然而，如果通胀已经扭曲了市场这只"看不见的手"的调节作用，这些政策只会让情况变得更加糟糕。一旦市场无法正常运转，抑制通胀的措施只会降低效率、减缓增长，甚至导致失业率上升。

渐进主义必须双管齐下

进入21世纪20年代，出现了类似的挑战。全球金融危机后，经济的特点是通胀率过低，而非过高。央行行长们开始相信高通胀正逐渐退出历史舞台。他们对于这个现象的解释很简单：实际上，成功孕育了成功。低通胀率持续的时间越长，公众就越坚信通胀将继续保持在低位。用央行的话来说，货币政策已经获得了高度的信任。因此，只需微调利率即可，因为每次央行采取行动，公众都能准确理解央行的意图，并据此调整自己的预期。在这个背景下，要求加薪以应对通胀上升就显得毫无意义，因为实际上通胀已经近乎消失。

公平地说，并非所有的央行行长都总结出这种颇为自大的结论。正如欧洲央行执行委员会成员伊莎贝尔·施纳贝尔在2022

年 5 月指出的那样：

> 虽然通胀在很大程度上受全球因素影响，但这并不意味着货币政策可以置身事外。相反，面对持续不断的全球冲击，维持通胀的稳定预期比以往任何时候都更加重要。
>
> 随着风险的不断加剧，当前的高通胀率正逐渐成为市场预期，因此，在最近几周采取及时有效的货币政策来维护价格稳定刻不容缓。[15]

然而，欧洲央行的其他成员则建议谨慎行事，主张"渐进主义"，新冠疫情期间的防控，加上俄乌冲突，对通胀和实际收入产生了持续影响，全球经济面临着巨大的不确定性。欧洲央行执行委员会的另一位成员法比奥·帕内塔认为：

> 当政策变化和经济传导不确定时，欧洲央行应该采取渐进主义策略：在这种情况下，最佳策略就是谨慎行事，观察经济对渐进调整的反应。[16]

帕内塔主张渐进主义的原因有三点：一是负面供应冲击的规模不确定，二是缺乏可借鉴的先例，三是激进的货币紧缩政策可能引发金融市场的不良波动。不过，帕内塔也坦诚地表示，如果通胀预期显著上升，就需要放弃渐进主义。

1967年，威廉·布雷纳德发表了一篇开创性论文，奠定了在不确定性中采取渐进主义的逻辑基础。[17] 布雷纳德的核心观点是，在迅速变化的世界中，激进地调整政策可能会带来意想不到的负面后果。换言之，即使政策调整的初衷是让世界变得更好，也难以避免意外后果定律的影响（也许是被误解）。20世纪70年代，由于政策制定者没有意识到通胀已经失控，他们试图采取各种刺激措施来降低失业率，最终都以失败告终。

然而，这个论点具有两面性。不确定性始终与我们如影随形。不可否认，俄乌冲突对全球能源和粮食价格造成了巨大冲击；但回顾历史，如果在2008年俄格战争或在2014年克米里亚事件中，西方对俄罗斯实施更严厉的制裁，这种影响可能早已显现。同样，尽管新冠疫情对人们的生活和经济都造成了毁灭性影响，但它并非"现代世界"必须应对的第一种病毒：19世纪的霍乱，1918—1921年的西班牙流感，20世纪50—60年代的亚洲流感和中国香港流感，2003年的SARS（严重急性呼吸综合征），每一次都为当今提供了教训。

我们错误地将模式归因于自己的技能和能力

问题并不在于世界变得更加不确定，毕竟，未来本就是未知的，无法预测。但央行行长们似乎认为这是一个由货币体系支撑的稳定世界，通胀和利率持续走低；即使这种情况持续多年，也不代表（不确定的）未来会继续保持这样的态势。

我们可以借助抛硬币的例子来理解其中的原因。假设硬币没有特定的偏向，我们知道每抛一次硬币，出现正面和反面的概率各为50%。虽然道理如此，但仍然不排除连续5次都抛出正面的可能性。当然，这种事件发生的概率很低，仅略高于3%，但并非完全不可能。然而，如果连续5次都抛出正面，我们也许就会认为这枚硬币存在偏向，进而推测第六次抛掷仍然会出现正面。这显然是错误的观点。

这个道理在一定程度上适用于表面平静的经济时期。我们开始变得乐观，相信政策制定者会"担起责任"，而忽视了过去所经历的动荡。我们的期望和"经验法则"会随着最近的经历而改变。正如抛硬币的例子，我们往往会被现实猛然唤醒，后知后觉地意识到未来并不一定和过去保持一致。这正是我们应该从全球金融危机以及20世纪80年代和90年代的金融动荡中吸取的教训。

再回到布雷纳德。渐进主义的关键问题在于，如果这个策略真的有效，它应该在所有情况下都适用，而不是局限于不确定性更高的领域。然而，全球金融危机之后的货币政策根本不是渐进主义。利率降至零（甚至一度跌破零）；量化宽松原本只是"紧急"货币措施，如今却成了常态；在新冠疫情发生之前，美联储转向"非对称"的通胀目标,即鼓励通胀过度以弥补过去通胀不足的情况。仿佛唯一的潜在威胁来自通缩,而不是通胀。中央银行家把所有筹码都押注在一边,认为经济只面临着紧缩的风险。因此,当新冠疫情发生后通胀再次出现时,中央银行家无法快速评估现有的证据,没有及时采取措施应对通胀这个既陌生又熟悉的威胁。

错上加错

事实上,中央银行家对不确定性似乎轻描淡写的态度犯了三个明显的错误。第一,全球金融危机之后,他们开始为愿意听取意见的人提供"前瞻性指导",特别是金融市场参与者,告诉他们未来几个月甚至几年内政策利率的走向。在那时,中央银行家不希望投资者认为经济复苏会伴随着利率上升,担心这种"预期中的紧缩"将会阻碍经济复苏。实际上,他们等于是在宣称,自己比数百万金融和经济市场从业者更了解市场。很难理解他们为什么会如此自信。随后发生的事情只是证明了中央银行家的观点是错误的:毕竟,他们未能预测到2021年开始的通胀飙升。

第二,中央银行家提出的通胀预测总能证明他们现有货币立场的合理性。他们坚信未来的通胀图景是完美的,在两年内一定能够达到既定的通胀目标。今天制定的政策能确保明天的通胀成功。当然，通往通胀理想状态的道路并非一帆风顺，预测的"区间"也暗示着存在诸多不确定因素；但总体而言，中央银行家相信自己有能力实现目标。

第三，中央银行家开始相信自己的宣传，他们认为自己抗击通胀的信誉在某种程度上能够确保通胀预期良好。实际上，他们是在公众对通胀做出反应之后的"事后诸葛亮"。简而言之，无论通胀如何演变，公众都不会抛弃现有的经验法则，因为他们坚定地信任央行。由于对央行有着近乎宗教般的信仰，他们不相信通胀会重新抬头。而中央银行家似乎受到了邦葛罗斯教授[18]的过度影响，坚信一切都是最好的安排。

在我撰写本书的时候，这种乐观主义显得尤为不合时宜。通胀飙升到四五十年来的最高水平，而利率只是稍微上调，中央银行家似乎把公众当成了天真的小孩，希望他们无条件接受决策者希望他们相信的一切。本书意在阐明，成功控制通胀并非只是技术层面的问题，它不像调整客厅墙上的恒温器那样简单。更重要的是，能否控制通胀还取决于公众在面对严峻的经济和金融困境时是否愿意坚守他们的经验法则。一旦这些经验法则被抛弃，经济和金融就会陷入混乱，政治和社会稳定性也会受到严重冲击。在这种情况下，奉行技术官僚主义的央行可能会失去公众的信任和支持，稳定价格将变得异常艰难。

现在，有必要回顾通胀漫长而斑驳的历史，以提醒我们通胀经常会出乎意料地卷土重来。更糟糕的是,通胀可能是领导人策划的结果,他们宁愿让印钞机代替财政政策来做脏活累活。

第二章

○

通胀、货币与思想史

罗马的通胀——16世纪的"价格革命"——货币数量论的诞生——弗里德曼的辩护——重新审视法国大革命——20世纪上半叶中国的三重通胀冲击——金本位的终结——理解大稳健——通胀偏向与通缩

造成通胀的原因可能很多，但归根结底可以概括为两个方面：一方面，通胀反映了大多数事物（如货物、服务、工作、利润和租金）价格的上涨；另一方面，通胀反映了货币贬值。这两个方面实际上是一枚硬币的两面。

货币多变的历史

在社会中，货币通常扮演着以下三大角色：第一，交换媒介（提高物物交换效率的机制）；第二，价值储存；第三，计量单位。由于通胀，货币的计量单位角色特别不稳定。这就好像一把

12英寸①尺子上的刻度,随着时间的推移变得越来越小。尺子的实际长度从未改变,"测量"的长度却从12英寸变成16英寸,再变成20英寸,依次类推。

通胀可能会影响货币作为交换媒介和价值储存的作用。一旦美元的购买力大幅下降,未来能够购买到的商品和服务会比现在少得多,人们就不愿意将其视为可靠的交换媒介。同样,当人们担忧货币会随着时间的推移而不断贬值时,他们也没有动力进行储蓄,就像土耳其的洗衣机囤积者那样,转而寻找其他方法来保护自己的财富。

更复杂的是,并非所有货币都是一样的。每个人的通胀或者通缩经历可能都不一样。

罗马人的视角

纵观历史,不同货币形式之间的区别尤为关键。在公元3世纪的罗马帝国,持有第纳里银币的人会明显感觉购买力大幅下降。很久之后,银币的含银量从90%降至5%。不可否认的是,奥里斯金币也会贬值,但跌幅不大:戴克里先时期的奥里斯金币的含

---

① 1英寸=2.54厘米。——编者注

金量，是3个世纪前尤利乌斯·恺撒时期铸造的类似金币的50%。

几个世纪以来，这两种硬币（一种是名义上的银币，另一种是名义上的金币）之间的汇率不可避免地经历了巨大的波动。在奥里斯刚刚问世的时候，它值25第纳里。300年之后，君士坦丁的苏勒德斯钱币取代了奥里斯，新的金币价值相当于275 000第纳里。

在罗马社会中，穷人的工资通常不会用奥里斯支付，而且他们也很难积攒足够的第纳里来将这些迅速贬值的银币换成更可靠的金币。换句话说，在公元3世纪"漫长"的罗马社会中——据估计，在150年的时间里，价格水平总体上涨了近20 000%[1]——是穷人而非富人受到通胀的冲击最大。[2]

"价格革命"：更像是"价格慢涨"

从15世纪末到17世纪初，全球范围内出现了后来众所周知的"价格革命"，按照今天的标准，价格上涨的幅度并不算大：在"革命"中心西班牙，价格上涨了315%，相当于每年1.4%的增长率，远低于今天典型的通胀目标。其他国家也出现了持续的价格上涨。16世纪初的1英镑，在100年之后只值25便士。

然而，如图2-1所示，无论是与此前还是之后发生的情况相比，这场"价格革命"都是不同寻常的。在前工业时代的大部分历史中，价格时涨时跌，但很少出现持续单边的趋势。价格上涨之后通常会回落（反之亦然）。从这个意义上讲，漫长的16世纪是革命性的。对于这种持续的货币贬值，人们有不同的解释。第一种解释是，有人认为，这种贬值只是表象，它实际上反映了人口结构的变化，导致基本食品价格上升（因为每个人都需要食物），进而减少了人们在工业制成品上的消费。换言之，食品价格的上涨被非食品价格的下跌所抵消。然而，由于许多商品的价格并没有详细的记录，这种解释只能算是猜测，而非经过充分验证的假设。

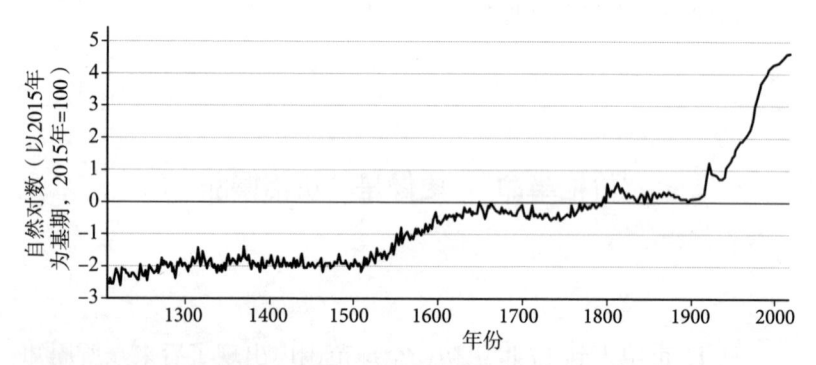

图 2-1 在"价格革命"期间，英国的价格水平在1500—1650年持续上涨

资料来源：英格兰银行。

第二种解释来自英国亨利八世统治时期的铸币贬值。为了给战争筹集资金，维持奢华的生活，亨利八世秘密囤积了大量金银含量降低的新铸硬币。后来，在面临金银短缺时，他将这些贬值

的硬币（其中一些"银币"不过是镀银的铜币）投入经济流通中。一旦人们发现这种行为，就会导致"良"币从流通系统中退出，价格必然持续上涨，这就是格雷欣法则"劣币驱逐良币"的一个典型案例。然而，这种操作具有国别性，因此无法解释"价格革命"的普遍性。

第三种解释是，在 15 世纪末和 16 世纪的大部分时间里，白银供应量大幅增加，货币供应量也随之上升。价格革命最初始于中欧，那里发现了新银矿，加上生产技术的进步，导致波希米亚和匈牙利等地白银产量增加。然而，这场革命最主要的动力来自西班牙殖民者的活动，以及欧洲殖民地的竞争对手在美洲的扩张。这些残暴的冒险家利用了巨大的白银储藏，尤其是秘鲁的波托西银矿和安第斯汞矿，而汞正是提炼白银的关键原料。[3] 这样一来，西班牙的购买力大幅上升，从欧洲其他国家进口了大量奢侈品，进而出现了国际收支经常账户赤字。为了弥补这一赤字，西班牙不断开采白银（波托西实际上是一个巨大的白银"印钞机"），这又进一步增加了欧洲其他国家的货币供应量。

这种交换产生了深远的影响。一旦白银供应稳定，西班牙人就不用那么辛苦地工作了。就像今天的石油生产商一样，他们只需要依靠地下开采出的资源生活（如果是征服者，主要是依靠他们奴隶的劳动成果）。可以说，这标志着一个强大帝国的逐渐衰落。英国和荷兰等国的商人开始争夺西班牙的殖民地，他们的武器制造等技术也超越了西班牙人。由于白银的神奇光泽褪去，价格不断上涨，西班牙的帝国和经济野心也开始式微。金钱并不总能保证永恒的财富。

货币数量论的开端

这些经历自然让人们重新思考货币和价格之间的关系。在16世纪上半叶，由于普鲁士和波兰的通胀问题，货币数量论的早期思想开始萌芽。[4]1517年，以"日心说"闻名的尼古拉·哥白尼说：

> 供应量过多会导致货币贬值。当铸造过多的银币时，人们会更青睐银块本身。因此，一旦硬币的价值无法与其含银量的价值相匹配，货币就会失去应有的价值。在这种情况下，我可能会选择将硬币熔化。为解决这个问题，应该在货币恢复正常价值之前暂停铸造新的硬币。

我们很容易觉得哥白尼认为货币数量与价格有关，但更深入地思考就会发现，他的观点只涉及特定价格。他担心的是，如果铸造过多的硬币，那么这些硬币的价值将会低于其含银量的价值。因此，在这种情况下，更明智的做法是熔掉硬币，提取出里面的银（这类似于现代有人为了提取铂、钯或铑而偷窃汽车内的催化转换器）。[5] 哥白尼并没有泛指所有价格，也没有提及任何一篮子商品和服务的价格指数。实际上，那时候可能还没有"价格水平"这个概念。

然而，不久之后，价格水平这个概念的雏形就出现了。1542年，克拉科夫的总督彼得·克米塔写信给普鲁士的阿尔伯特公爵，提出以下观点：

任何普通商品的价值大幅上升，没有人会愚蠢到看不出是因为铸造的硬币过多造成的，跟过去一样，这与古尔登[6]（一种金币）或要购买的物品之间没有任何关系。

正如托马斯·利文森所说，在17世纪中期的英国，为了应对硬币贬值、伪造和剪裁等现象，先进的硬币铸造技术得以发展。[7] 1662年，皇家铸币厂开设了一条新的生产线，用来生产带有装饰边和前后立体浮雕设计的硬币。复杂的装饰边让剪裁失去了意义，增加了伪造的难度。然而，200年前就已经发行的旧硬币仍然与新硬币一起流通。具备基本金融知识的人都知道，那些边角磨损、伪造泛滥且容易贬值的旧硬币远不及新硬币可靠，因此人们更愿意储存新硬币。这导致货币的交换媒介和价值储存功能分割。通常情况下，只有富人才能囤积新硬币，而穷人只能获得被人抛弃、信用不高的旧硬币。

从一定程度上来说，新硬币堪称完美，其银含量在巴黎的兑换价值高于伦敦。一些人宁愿冒着违法的风险也要熔化新硬币，走私横渡英吉利海峡，然后在巴黎把这些走私的银兑换成黄金。随后，黄金被运回英国，再用来购买更多的新硬币。只要存在套利的机会，这种交易就不会停止。实际上，皇家铸币厂的新硬币迅速消失，英国不得不继续使用易遭剪边伪造的旧硬币。

洛克与牛顿

这开启了英国重要的两位思想家之间关于货币的讨论。约翰·洛克（1632—1704年）坚持认为，银的价值，即货币的价值，是恒定不变的，他主张价值应该固定不变，就像法律规定12英寸尺子的长度永不改变那样（或者从某种程度上说，他认为君主是神圣统治的延伸，其权力由上帝决定）。这一观点的依据是白银的"天然"属性，其价格不应受供求法则的影响。从这个意义上说，白银是经济和金融宇宙的中心，就像太阳是太阳系的中心一样。[8]

艾萨克·牛顿爵士（1643—1727年）那时在皇家铸币厂工作，研究领域覆盖了万有引力、宇宙物理规则和微积分，他认为货币（以及货币的主要材料白银）与其他商品一样，都遵循供求法则。他认为，要解决英国的货币乱象，需要进行两项改革。第一，废除所有旧币，从而消除囤积（或熔化）新币的动机。第二，调整银币相对于金币的价值，从而消除任何套利机会，尤其是伦敦和巴黎之间的套利空间。

人们往往会认为牛顿的观点比洛克的更"现代"，毕竟外汇市场的实时价格变动反映着货币供求的变化。然而，从某些角度来看，洛克的观点更经得起时间的考验。毕竟，有公信力的"通胀目标制"，本质上不就是在设定一种让货币贬值"可预测但可接受"的节奏吗？这与洛克所说的货币价值由自然决定，或者对于有宗教信仰的人来说，由天意决定，有多大的区别呢？唯一真正的区别在于谁来"保障"货币的价值。在洛克的时代，是上帝和君主，由硬币上雕刻着的主权形象所象征。如今，则是央行，有时是议会的法令。

洛克和牛顿并非唯一探讨货币和价格本质的思想家。在他们之前，法国社会哲学家让·博丹（1530—1596年）便主张，从新大陆流入西班牙的银币，是欧洲商品价格上涨的主要原因。洛克本人也主张价格水平总是与货币供应量成正比。伟大的苏格兰哲学家大卫·休谟（1711—1776年）曾率先提出因果关系，他认为货币数量和价格也存在因果关系，即货币数量的变化会引起价格变化，而非相反。休谟认为，因果关系绝不是瞬间发生的，这就是今天的"货币幻觉"。休谟还认为，某些群体比其他群体更能感知到价格上涨的压力。例如，企业可能比员工更早察觉到价格上涨的趋势,从而在短期内提高利润,但实际上这会导致家庭购买力下降。然而,从长远来看,休谟认为这种幻觉终将消失。他强调,货币本身无法永远改变经济的命运。

关键在于,我们应该认识到,这些观点大多是从第一性原理出发的。但由于缺乏充分的数据支持,它们难以得到验证。现有的数据通常局限于货币相对于黄金或其他货币的价格。然而,一旦发生货币冲击,支持货币数量论的观点往往能迅速占据上风。例如,1797年,英国决定切断英镑与黄金的联系,这随即引发了"金银本位主义之争"。

实际上,确实别无选择:拿破仑战争的成本不断攀升,已经耗尽了英格兰银行的黄金储备,银行再也无法保证先令能兑换成黄金。大卫·李嘉图(1772—1823年)等人从第一性原理出发,认为英格兰银行的政策无疑造成了通胀。他们举的例子很简单。先令无法兑换成黄金,意味着银行现在可以随心所欲地发行纸币。结果就是货币供应量增加,国内价格上涨,先令相对于黄金贬值。

然而,这些结论都缺乏事实依据的支撑。例如,关于国内价格相对于国外价格上涨的说法,其实只是一个假设,原因很简单:在那个时代,并没有专门的机构来编制价格指数。

随着时间的推移,货币数量论不断成熟,之后欧文·费雪(1867—1947年)提出了著名的交易方程式:

$$MV=PT$$

（或者，对于其批评者来说，$MV \equiv PT$ 只是同义反复的恒等式。）

M 代表货币供应量，V 代表货币流通速度（例如货币在 1 年内交易的次数），P 是商品价格水平，T 是交易量。[9]

费雪方程式的支持者们提出了以下几个关键论点：第一，价格与货币供应量的变化成正比；第二，货币供应量决定价格水平，而不是价格水平决定货币供应量；第三，真正的经济变量由真实的事物决定，包括人口、技术变化、人力资本等，货币的数量不会对经济活动造成持续的决定性影响；第四，实际上，货币供应量是一个外生变量，由铸币厂、央行、政府、秘鲁银矿等发行机构控制。[10]

这些论点不无道理。但从费雪方程式中无法推导出来。费雪方程式本身只是一个会计等式，必须加上因果关系和定义。举例来说，并不是每个人都认同 16 世纪的价格革命是货币供应量增加引起的，有观点认为，价格上涨实际上反映了货币流通速度的加快，而流通速度加快则是因为欧洲主要国家的城市化和职业专业化程度加深带来了更频繁的经济交易。[11]

凯恩斯和货币数量论者

约翰·梅纳德·凯恩斯（1883—1946 年）是货币数量论的

反对者之一。他并不同意"真实经济"是由长期的"供给侧"因素决定的,因为这种理论根本无法解释大萧条期间的失业问题。凯恩斯认为,在萧条的经济环境下,相比于价格,增加货币供应量或扩大消费等刺激政策对产量和就业有更积极的影响。他对货币流通速度 V 能否根据其他变量的变化而自动调节有所怀疑,因此他质疑货币供应量 M 和商品价格 P 能够稳定(至少是可预测的)这一说法。有趣的是,2008 年全球金融危机发生后,人们再次围绕这个问题展开了讨论。当时,严格的货币主义者(作为早期货币数量论者的学术继承人)错误地预测,与量化宽松政策相关的"印钞"将迅速导致过度通胀。他们忽视了一个重要事实:创造"公共"货币实际上是为了对冲流动性债务抵押债券等"私人"货币崩溃所造成的破坏。[12] 至于大萧条的根源,1929 年华尔街股灾无疑是一个有力的证明。它揭示了由于投资机会消失,商业信心——所谓的"动物精神"——已经崩溃,进而释放出一个下行乘数。这一趋势只有通过强有力的财政刺激措施才能逆转。那么,在这种背景下,货币究竟能发挥怎样的作用呢?[13]

弗里德曼的反击

在第二次世界大战结束后的几十年里,人们普遍认为——

正如米尔顿·弗里德曼（1912—2006年）在1965年戏谑地说的那样——"我们现在都是凯恩斯主义者"。然而，随着20世纪60年代末通胀问题的浮现，货币数量论者在新经验主义理论的支撑下开始反击，特别是米尔顿·弗里德曼和安娜·施瓦茨（1915—2012年）的巨著《美国货币史（1867—1960）》，为这一反击提供了有力的理论支撑。[14]

弗里德曼、施瓦茨和他们的支持者提出了四个核心观点：第一，大萧条伴随着产量和价格的崩溃，主要源于货币紧缩和多家银行破产；第二，如果美联储增加货币供应（即印钞），就能在一定程度上避免货币紧缩；第三，尽管货币与价格之间的关系在短期内可能不稳定，但从中期来看，它们之间存在可预测的因果关系；第四，长期以来的种种迹象表明，20世纪50年代和60年代政策制定者所推崇的经济"微调"策略最终是失败的。[15] 弗里德曼的这些论点将关注重心放在货币上，而忽略了多家银行破产等其他重要因素，但实际上重塑了我们对历史的认知。[16] 2002年，在庆祝弗里德曼诞辰90周年的大会上，本·伯南克发自内心地说：

我谨代表美联储对此次讨论做一个总结。我想对米尔顿和安娜说：关于大萧条，你们的分析是正确的，而我们当时的做法有误，对此我们深感抱歉。正是因为有了你们的研究和警示，我们可以避免再次犯同样的错误。[17]

当然，承认美联储过去的错误，也是全球金融危机期间大幅降息并采取量化宽松政策的间接动因。正因为吸取了教训，才避免了第二次大萧条，美联储也不会因此受到指责。

重写历史：货币数量论的虚构与革命的现实

弗里德曼在重塑货币数量论方面的成功，让人们重新审视历史，在数据极其缺乏的情况下重建价格指数。[18] 突然之间，似乎货币影响能解释大大小小的通胀。每一次通胀都可以归咎于货币和财政部门的愚蠢和贪婪。

要重新审视历史，就绕不开法国大革命。从1790年2月到1796年2月，价格曾一度上涨26 566.7%，年平均通胀率为150.6%。[19] 但这一"事实"取决于对18世纪90年代发生的事件的解读，进一步观察后，我们不难发现，货币与价格之间的关系远比货币主义者们愿意承认的复杂。[20]

核心在于一个根本性问题。具体来说，究竟什么是货币？大革命之前，货币是混合形式的，由官方印刻但私人发行（任何人都可以把多余的银碗拿到当地的铸币厂熔化成硬币），货币也是非正式的，例如，汇票和其他各种"非官方"信用工具。

然而，随着革命的爆发，新成立的国民议会遇到了一个棘手的问题。一方面，希望宣布现存的许多税种是非法的（即使议会不这么做，全国上下的革命情绪高涨，人们也不愿再缴纳税款）。另一方面，议会急于偿付国家的债务。站在一个全新的起点，没人想违约。那些借钱给国家的人都收到了全额还款。[21] 但糟糕的是，随着革命的进行，几乎没有新的出借人出现。与此同时，由于私人和公共贷款的法律地位模糊不清，持币者自然选择囤积居奇。用费雪的理论解释，货币流通的速度急剧下降。最终，经济也随之崩溃。

解决这一困境的办法是注入新货币，这与现代量化宽松政策理念惊人地相似。然而，制造新硬币不太现实，因为任何有能力将贵金属偷运出国的人都会这么做。因此，1789年发行的第一批指券，更像是一种汇票而非货币，这些票据以从天主教教会没收的土地为抵押，并承诺支付利息。后来，由于人们持续囤积硬币，政府才发行了无息的"货币指券"。即便如此，指券的概念仍显得荒诞不经，因为它是以土地这种最缺乏流动性的资产为基础来提供流动性的。[22]

除了概念令人费解，指券的发行面额还很大——相当于今天发现1 000美元的纸币竟然是面额最小的"法定货币"。因此，市政厅和声誉良好的制造商等在当地受信赖的机构开始发行小面额的信任票据。这一举措旨在更有效地解决现金短缺问题，否则将给穷人带来更沉重的负担——因为穷人不太可能用高面额的纸币支付，也无法用这些纸币购买任何东西，相比之下，富人则不会受到如此大的影响。

然而，随着指券和信任票据在社区间流通，一个严重的问题逐渐浮现。造假成了极具诱惑力的"快速致富"途径，即使人们会面临死刑的严厉惩罚。由于难辨真伪，且信任票据的发行方鱼龙混杂，人们很快就对新的革命货币制度失去信心。交易只能建立在彼此信任的基础上，而缺乏信任导致交易量大幅下降。零售商越来越不愿意出售自己的产品，他们觉得，与其囤积可能变得一文不值的纸币，不如囤积手里的商品，这样更为稳妥。在这种情况下，继续增发"货币"只会让问题恶化，导致价格大幅上涨，更多硬币被囤积，最终导致革命时期的汇率崩溃，进口商品价格飙升。

丽贝卡·斯潘在《法国大革命时期的商品和货币》中的描述令人印象深刻：

当代经济学家往往将过去视为现代社会的华丽倒影，仿佛唯一需要探讨的问题只是可用的数据是否可信。[23]

然而，很显然，18世纪末的货币观与简单到甚至有点天真的货币数量论相去甚远，特别是费雪方程式。什么是货币，什么不是货币，这不仅是国家法令那么简单的问题，而且反映了社会风俗习惯，特别是哪种交换介质能广泛流通，并获得人们的信任。200多年之后，信任的作用再次成为焦点。在全球金融危机期间，处于金融系统核心地位的银行不再彼此信任。银行间利率的上升意味着各家银行大量囤积货币，与法国大革命时期民众囤积硬币如出一辙。央行别无选择，只能介入，否则如果人们对"准货币"失去信心，最后需求就会崩溃。

中国的恶性通胀

虽然国家法令有一定的作用，但公众的观点至关重要。1931—1945年，中国遭到日本侵略。最终，毛泽东领导下的共产党在1949年取得了内战的胜利。在此期间，整个国家实际上分裂为三个割裂区，每个区都发行了自己的货币（或多种货币），这导致了后来的货币战争。[24] 日军在占领区内禁止人民使用国民党发行的货币，而国民党和共产党也进行了反击。在这种分裂状态下，割裂区之间的合法贸易几乎无法进行。

然而，非法贸易仍然能找到融资渠道，从而造成了一系列金融乱象。最显著的是，尽管在日本新占领的区域使用国民党货币是非法的，但国民党发行的货币本身是法定货币，这实际上导致这些地区货币过剩。再加上战争的庞大开销，以合理利率筹措资金变得极为困难，结果是这些地区的通胀迅速攀升。

最初，货币流动性增加是通胀加剧的主要原因，而非货币供应量的增加：出于对通胀的恐惧，人们急于摆脱现金。换句话说，通胀的加剧反映了公众信心的崩溃。在这种情况下，人们的态度是愿意用任何形式来保存财富，除了现金。

货币重要，信任亦然

每个历史阶段，从古罗马到秘鲁的银矿，从法国大革命到20世纪上半叶的中国，都表明了两点：第一，货币的重要性毋庸置疑（货币主义者这时候可以松口气了）；第二，我们如何看待货币也同样重要。通胀不仅是印钞机引起的，也可能是信任崩溃的结果。货币和财政当局失去了人民的信任，人和人之间也失去了信任。金融机构拒绝相互借贷。这个观点的重要结论是，印钞在某些情况下的影响要远大于其他情况。从这个意义上说，货币数量论显得过于简单，它的有效性取决于影响货币流通速度的因素（或者说愿意储蓄而不是消费）。

当我们深入探索过去 100 多年的历史经验时，不难找到上述两个论点的历史证据。事实上，锚定货币供应和间接锚定价格水平的机制在 20 世纪就已经被摒弃。在历史上，大部分货币都与贵金属的供应密切挂钩。当然，也有例外情况，比如之前提及的指券以及美国内战期间的邦联币，它们最终都变得一文不值（详见第三章）。但在 20 世纪之前，货币与贵金属始终形影不离。

这种关联有时会产生反常的结果。在 19 世纪晚期，工业革命带来经济飞速发展，许多国家经历了通缩。简单来说，商品和服务的交易量增长迅猛，而货币供应量受到金银供应量的严格限制，因此必须加快货币的流通速度，或者下调价格。在这个案例中，价格下调了。这实际上是一种良性的通缩：价格相对于工资和利润下降，换句话说，人们的真实收入增加了。生产率迅速提高（部分归功于大规模市场带来的规模经济），导致产量大幅飙升。大铁路和远洋货运的普及有助于形成大规模市场。例如，谢菲尔德的钢铁生产商突然之间就能把产品销往全世界。

除了 16 世纪的价格革命，在大部分时候货币都与贵金属紧密挂钩，尤其是在 19 世纪金本位制的确立下，货币得以保持"稳健"。只有当这种联系被打破时，例如英国在拿破仑时代暂时脱离金本位制，价格才会出现不稳定的波动。

金属货币的终结

然而，在 20 世纪初的几十年里，这种偶然形成的体系，或者说是按照惯例运作的体系彻底崩溃了。不得不提的是，这一体系的崩溃并非一蹴而就，而是经历了漫长的过程。一战期间，由于通胀成本上升，大多数国家暂时放弃了金本位制。到了20世纪20年代，各国政府面临着一个重大选择：是按战前平价回归金本位制，还是选择贬值货币。法国选择了后者，而英国则在时任财政大臣温斯顿·丘吉尔的坚持下，决定回归战前的金本位制。这一决定付出了巨大代价，遭到了约翰·梅纳德·凯恩斯的严厉批评，他曾将金本位制形容为"野蛮的残余"。[25]

问题很简单：战争期间及战后，英国的价格水平大幅飙升，要让英国按战前汇率回归金本位制，就意味着以外国货币衡量，英国的价格过高，出口商品失去竞争力，同时，外国进口商品变得相当便宜。要解决这一问题，唯一的方法是在英国实行紧缩的经济政策，降低国内工资和价格水平，让英国的出口在外国货币计价中更便宜。1926年英国爆发的总罢工，在某种程度上就是对这一政策的反抗。此后，由于人们担心英镑贬值，大量黄金流入大西洋的另一端，让美国的利率一再降低，进而引发了美国股市泡沫。最终，在1929年，华尔街股市崩盘。两年之后，随着大萧条来临，英国彻底放弃了金本位制，1929—1931年，英国工党少数派政府的悉尼·韦伯坦言："没人告诉我们居然可以这样做。"后来的几年，其他国家相继放弃了金本位制。1933年，美国放弃了金本位制。1936年，法国也做出了同样的选择。那些较早放弃金本位制的国家能够更早地提供货币支持，因此比其他国家更快地从大萧条中恢复。它们的成功最终也让金本位制成为明日黄花。[26]

此后，货币、价格和经济的关系发生了根本性变化。表2–1

050　通胀的教训

显示了自爱德华一世统治以来，每个世纪初的 1 英镑在接下来的 100 年中购买力的变化程度。[27] 如果历史总体价格数据在某种程度上反映了现实，那么这个表格显示了价格革命、美国革命、法国革命、19 世纪末的通缩以及最明显的是 20 世纪的通胀的影响。1900 年发行的 1 英镑到了 2000 年只值 2 便士。换句话说，在 20 世纪以及 21 世纪前 20 年，货币经历了前所未有的严重贬值。而这还是在英国，与德国、奥地利、匈牙利等许多国家不同，英国此前从未陷入过恶性通胀。[28]

表 2-1 英国货币的价值：100 年后 1 英镑的价值

单位：英镑

1300 年	1400 年	1500 年	1600 年	1700 年	1800 年	1900 年	2000 年
1.00→	0.99						
	1.00→	1.11					
		1.00→	0.25				
			1.00→	0.71			
				1.00→	0.46		
					1.00→	1.49	
						1.00→	0.02

资料来源：英格兰银行，作者的测算。

没人愿意再看到价格下跌

公平地说，20 世纪的货币贬值相当于每年 4.3% 的通胀率，并不算极端。与 100 多年前相比，最关键的区别不在于通胀率高低，而在于严重通缩的"缺席"。回顾历史，价格水平起起落落。然而，到了 20 世纪，价格水平下跌变得很罕见。[29] 随着从 20 世纪过渡到 21 世纪，对价格下跌的恐惧逐渐成了人们的一种执念。人们淡忘了在 19 世纪晚期曾经历过"良性通缩"。现在，所有的通缩都被视为应当避免的经济发展趋势。

确实，凯恩斯的理论在一定程度上造成了这种极端的规避心态。如果工资具有"黏性"，即其下降速度相对缓慢或难以调整，那么在价格下跌的情况下，企业的利润空间将被压缩，甚至可能引发大规模破产，从而重演 20 世纪 30 年代大规模的失业危机。此外，还有对"零利率下限"的担忧。在通缩的环境下，由于现金的利率无法低于零，这导致实际利率（即名义利率减去通胀率）上升。在这种情况下，由于现金的价值不会因价格下跌而下降，人们更愿意持有现金，从而加剧了通缩的趋势。最后，在工资和价格双双下跌的情况下，现有债务的实际负担会加重，这将导致更多的企业陷入困境，甚至破产，引发大规模的失业问题。

大稳健：全球化和央行的智慧

然而，我们在竭力避免通缩的时候，可能不经意间纵容了通胀。更重要的是，即使在接受"良性通缩"的时期，这种偏向也始终存在。这就是所谓的大稳健时期，它始于 20 世纪 80 年代，一直持续到全球金融危机爆发。在此期间，经济持续增长，仅经历了几次轻微的衰退，至少与 20 世纪 70 年代相比，通胀持续走低，表现也更为稳定。

尽管央行认为大稳健时期的成功主要归功于其政策，但实际上这背后还有其他原因。全球化便是其中之一，特别是随着中国和印度等制造成本较低的国家融入全球贸易体系，西方国家的消费者能够享受到价格低廉的服装和电子产品。相对于西方国家的收入来说，这些商品的价格较低，从而让消费者的"实际"收入增加。

央行可以选择让整体价格下降，但这样做会面临通胀持续低于目标值的风险，或者也可以选择放松货币政策，以抬高其他领域的价格，从而弥补商品价格的下降。在大多数情况下，他们选择了后者，这实际上导致了非贸易服务价格高于应有的水平。因此，股票和房产等资产价格也相应高于应有的水平。换句话说，即使存在"良性通缩"的可能性，决策者也会确保它不会出现。他们致力于保持"始终如一"的通胀目标，因此在这方面并没有太多的灵活性。

通缩时期的通胀偏向

这意味着政策制定者是偏向于通胀的。他们在任何情况下都不希望通缩发生。当通缩的风险上升时，例如全球金融危机后的情况，政策制定者会毫不犹豫地采取措施来抑制这种风险。因此，金融市场的参与者普遍认为，利率将长期保持在历史低位。然而，中央银行家坚持认为通缩是不可容忍的，这实际上意味着他们在一定程度上更能接受通胀。2020年，美联储开始实行"非对称"的通胀目标政策，允许通胀率在一段时间内高于其"中心目标"两个百分点。

新冠疫情加剧了这种偏见。面对需求的急剧下降，央行行长们自然而然地认为经济可能再次陷入通缩的旋涡。他们坚持以往的做法，提出（在条件允许的情况下）降息和量化宽松政策。然而，需求的崩溃并非自愿，也并非衰退或（更糟的）大萧条中典型的清算效应。除了笼统地讨论长期经济"创伤"外，人们也未能意识到潜在的供应损失。从历史上看，这种损失往往会导致更高的通胀。令人费解的是，当封锁措施解除、需求开始复苏时，决策者并没有急于撤销货币刺激措施，尽管越来越多的证据表明，除了需求反弹，供给约束——也就是各种形式的"创伤"——也变得异常棘手。最终，这一系列因素造成了通胀的不幸后果。

反思历史

是时候得出一些结论了。虽然货币主义者和货币数量论者的观点并非无懈可击,但他们在某些关键问题上的见解是正确的。货币无疑在经济中扮演着举足轻重的角色。无论"起始条件"如何,也无论官方机构的"可信度"如何,货币供应过量确实有可能引发通胀。因此,央行和其他决策者如果忽视货币增长,就会面临巨大的风险。回顾历史,我们不难发现,货币增长刚开始失控时,美联储并未及时采取干预措施。这样的不作为,可能让原本只是衰退的经济状况,最终演变为大萧条。而在新冠疫情暴发初期,由于过度担忧通缩,货币政策长时间保持宽松,这实际上反映了对价格稳定的过度重视。至少在美国,货币增长的速度过于迅猛。后疫情时期,通胀的根源其实在于货币政策的过度宽松,而非2022年的俄乌冲突或疫情防控等。

公众和企业界对于货币和通胀的态度与货币环境本身同样重要。有些情况下更是如此:在给定的利率水平下,崩溃的股票市场通常无法像上涨的股票市场那样推动经济增长。但在其他情况下,则复杂得多,比如,18世纪90年代的指券发行者是否预料到他们新推出的试验性货币会遭遇如此强烈的抵制(部分原因是缺乏贵金属的支持),导致这种"货币"大幅贬值?决策者是否可以很容易地预见到全球金融危机期间批发资金利率的飙升?这实际上反映出大型金融机构之间失去了信任，每家机构都担心其他机构的资产负债表上充斥着过多无价值的"准货币"。

在经历了数十年的价格稳定之后，通胀突然卷土重来，公众和企业的态度将如何变化？他们会欣然接受并信任货币当局发布的政策指令吗？这些机构仿佛拥有控制通胀的独家能力，还是说态度的转变会降低迅速且轻松控制通胀的可能性？

特别是在法定货币的时代背景下，尽管通胀的证据无处不在，但那些坚信通胀已被驯服的决策者往往选择视而不见。回顾过去100年，货币的价值要么缓慢贬值，要么急剧下滑，几乎从未升值。如果这段历史能给我们什么启示，那就是决策者过于依靠近期的历史来预测未来的发展。历史可以为未来提供指引，但并不总是如此。货币与通胀之间的互动，不仅是由央行技术官僚的决策决定的，更是我们所有人行为的结果。甚至，我们的行为可能增加央行犯错的概率。

现在，是时候考虑政府的角色了。通胀往往与我们的统治者有着更紧密的关系，无论是哪种形式的政府。但他们通常并不愿意承认这一点。

第三章

○

政府在通胀中的作用

为美国内战付出代价——为随之而来的和平付出代价——像巴西一样接受通胀——通胀的财政算术——理查德·伯顿和伊丽莎白·泰勒——量化宽松的危害——欧洲央行不惜一切代价挽救欧元的决心——现代货币理论的历史错误

野蛮的战争

一些纸币的真实价值往往只是模糊的承诺，是过去时代的口头遗产。以现代的英格兰银行 20 英镑塑料钞票为例，上面赫然写着："凭票即付持票人 20 英镑。"曾经，持有这张钞票的人真的可以去英格兰银行兑换黄金。但自 1931 年英国脱离金本位制后，这种联系便被切断。自那时起，英格兰银行的承诺只能在一系列短暂的尝试中勉强维持。它加入过布雷顿森林体系，制定货币供应目标，将英镑与德国马克挂钩，短暂参与过欧洲货币体系的汇率机制，并且自 1992 年以来一直坚守通胀目标制。然而，考虑到过去 100 年英国价格水平的涨幅，我们不禁要质疑，如今英格兰银行的"支付承诺"是否比以前更脆弱。这反映了一个不再与金本位挂钩的政府获得了货币自由。

诚然，英镑已不再是曾经的货币，它在国内和外汇市场上都贬值了。过去一个世纪，最成功的货币当数美元，从全球通用程度来说尤为如此（尽管美元也时不时因通胀的冲击而贬值）。

美元不再受限于与黄金挂钩的承诺[1]（无论是当前的还是已失效的），但依然信仰上帝。这一转变始于 1864 年美国内战期间的《铸币法案》，该法案授权财政部长在低面值硬币上镌刻"我们信仰上帝"的字样。次年，国会又通过了一项法案，这是亚伯拉罕·林肯在被约翰·威尔克斯·布斯刺杀前签署的最后一项法案，该法案使这一题词成为新铸造的金币和银币的显著特征。

奇怪的是，直到 90 年之后，这些具有神圣意义的词语才被添加到纸币上。1955 年，佛罗里达州众议员查尔斯·E. 贝内特向众议院提交了一项决议，要求在所有的纸币和硬币上添加"我们信仰上帝"的字样。在民族主义宗教道德化的气氛下，贝内特说："信仰上帝是一种普遍且永恒的情感，但这句话……却是我们国家的独特标志。"[2]

回顾历史，美国内战结束后的数十年里，美元的可靠性超出了所有人的预期。战争期间，联邦币相对于黄金的价值减半。与以往的冲突类似，通过发行货币来为军费融资，远比实施更具政治争议性的高税收或削减非军事支出容易。这种做法会推高价格，进而降低普通工人的"实际"收入。因此，政府选择减少普通工人的实际支出来解决问题，而非采取更具政治争议性的措施。然而，从 1865 年战争结束到 1879 年，美元相对于黄金的所有战时损失都得到了补偿。全球黄金短缺已经导致美国和其他地区价格下降，因为经济产出增速超过了以往任何时候。此外，华盛顿担心再次出现类似于美国独立战争和法国大革命期间所经历的通胀。这种担忧又被北方金融利益集团对南方的支配所加剧。北方金融家向南方农民提供贷款，而价格下跌则提高了南方对北方债务支付的"实际"价值。因此，北方变得更富裕，而南方则深陷贫困的泥沼。恢复内战前的平价，成了确保战争的经济成本主要由邦联承担的机制。

一些人极力主张终结通缩政策。其中，威廉·詹宁斯·布赖恩是最具代表性的人物之一，他曾坚定地说："你们不能把人类钉死在黄金十字架上。"他主张回归银本位制，以迅速消除大部分的通缩刺激（因为白银相对于黄金的价值大幅下跌）。然而，华盛顿方面并未妥协。美国政府担心的是短暂的邦联会造成通胀，因此，任何希望通过"印钞"来帮助溃败的南方的努力，都不可能取得成功。

内战导致整个邦联陷入严重的通胀。从 1861 年上半年到冲突结束，南方的物价上涨了 90 倍。人们对货币的信心迅速崩塌，持有邦联币的人都争相抛售。换句话说，货币流通速度急剧上升，这反映出以农业为主的南方经济完全无法与工业化的北方相抗衡。正如邦联的一位士兵所言："战前，口袋里揣一点钱就能在市场上买到一篮子物品；而现在，提着一篮子钱只能买到一点东西。"[3]

邦联的物价上涨速度是工资的两倍，人们自然而然地把责任归咎于贪婪的商人。尽管实施了价格限制，但流通的货币太多，就像是拿邦迪创可贴来修补漏雨的屋顶，效果微乎其微。同时，邦联士兵的处境并不好：实际上，他们的工资大幅缩水，随着战争结束，除了荣誉，他们别无所获。

在北方，美元的价值在内战前终于恢复了，意味着"我们信仰上帝"是长期保持货币价值的有效捷径，至少对于债权人来说是这样（北方的债务人可能对此并不那么热衷）。对于生活在邦联的人来说，唯一的"货币上帝"却是他们深恶痛绝的。它最初通过通胀侵蚀了名义工资的真实价值，后来又增加了名义债务的真实价值，从而毁掉了民生。战时比任何时候都更能证明，政府的税收、消费和印钞等财政决策对价格、通胀以及收入和财富的分配有着深远的影响。或许，"我们信仰上帝"，但在谈及政府金融和通胀时，信仰显得如此脆弱和不堪一击。

为了粉饰政府财政而印钞

决定政府债务可持续性的因素有助于解释为什么通胀是有吸引力的选择。简而言之，政府债务的变化主要取决于两个方面：一方面是为现有债务支付的利息，另一方面是政府为了覆盖当年的支出而新增的借款（不包括利息支付）。所有这些变化都需要与经济总值进行对比。如果经济总值增长的速度足够快，即使政府债务在名义上增加，经济价值的增长实际上也会减轻债务负担，这意味着税收不必如此快速地增长。

然而，经济的价值实际上是由活动量（交易量）和价格水平共同决定的。从货币数量论的角度来看（详见第二章），价值是由价格和交易量共同决定的。对于任何给定的交易量，价格水平越高，价值就越大。换句话说，在其他条件不变的情况下，一个经济体的通胀率越高，政府的债务就越可持续。

然而，就像许多理论经济关系一样，要实现"其他条件等同"这一前提，需要付出巨大的努力。认为政府能通过通胀来消除债务的观点有一个大问题：利率可能会随之上升。[4] 具体来说，如果投资者担心政府会无节制地开启通胀，他们会要求得到相应的补偿。如果得不到补偿，他们就会拒绝购买政府债券。更糟糕的是，外国债权人可能会纷纷撤离，进一步推高利率，让汇率变得更为疲软。此时，政府将面临一个棘手的问题：要么通过提高税收来收紧财政政策，要么削减公共开支（这在政治上可能是不可接受的，至少在短期内是这样），要么创造高于债权人预期的通胀来消解债务（随着进口价格因汇率疲软而上涨，以及工薪阶层急于花掉手中的现金，这一过程很可能会被放大）。

巴西失败的尝试

客观地说，如果公司、工人、政府、家庭、债权人和债务人都预期一个高通胀的环境，那么这种预期可能会使经济进入新的"稳定状态"。二战结束后的几十年里，巴西就试图创造与极高通胀水平共存的经济环境，这种通胀水平远高于今天发达国家所能接受的范围。例如，1950—1970 年，巴西的整体价格水平每年上涨高达 30%，意味着货币不断贬值。然而，在同一时期，国民的真实收入水平年增长率仅为 6.4%，远远无法抵消通胀带来的负面影响。

从表面上看，二战后的几十年间，巴西的货币政策相当混乱。1942 年引入的克鲁塞罗迅速贬值，到了 1967 年，旧克鲁塞罗被新克鲁塞罗取代，1 新克鲁塞罗的价值相当于 1 000 旧克鲁塞罗。然而，从数据上看，巴西的经济呈现出繁荣的态势。

这一切的背后隐藏着各种扭曲。伴随着极高通胀率的是负的实际利率。这意味着巴西公司接受补贴进行的投资生产效益可能并不高，利润也不可观。虽然投资金额巨大，但未来的回报令人失望：投资的最低收益率过低。与此同时，通过一系列所谓"货币修正"的指数化措施，通胀变得制度化了：那些拥有最大政治影响力的人才能享受最大的通胀"补偿"，这也造成了收入不平等问题日益严重。

在 20 世纪 70 年代，巴西似乎仍保持着经济奇迹。尽管汇率容易受下行的影响（仅 1974 年一年，巴西对美元的汇率就贬值了 11 次），特别是其他地方正在经历石油动荡，但巴西的经济增长依然稳健。的确，20 世纪 70 年代，巴西的国民收入的年增长率保持在 8.2%，较之前有所提高。通胀率也进一步攀升，整体价格的年增长率约为 37%，但坦白说，谁在乎呢？巴西显然是一个颠覆了传统经济思维框架的经济体。

然而，这场"奇迹"靠的其实是运气，而运气终究会耗尽。传统经济学展开了猛烈的反击。从 20 世纪 70 年代中期开始，随着 1973 年石油价格飙升，石油生产国积累了大量的石油美元，这些资金通过美国银行体系流入拉丁美洲。石油收入导致利率异常低，至少以今天的标准来看是如此。巴西借机大举借债。然而，债权人的慷慨是暂时的。到 1980 年，巴西国际收支的现金账户逆差接近国民收入的 9%。遗憾的是，随着保罗·沃尔克执掌的美联储大幅加息以控制国内通胀，巴西吸引必要外部资金的能力迅速减弱。换句话说，国际收支赤字必须迅速缩小。

这意味着汇率急剧下跌。不幸的是，由于早先的工资和价格的指数化，汇率走弱导致进口商品价格上升，进而推动了国内价格迅速攀升。汇率下跌本应带来竞争力的提升，但却被国内工资和价格上涨所抵消。到了 20 世纪 80 年代初，年平均通胀率飙升到 100%，之后一路上涨。整个 10 年，年平均通胀率高达 300%。第二版克鲁塞罗不可避免地被克鲁扎多所取代，而在 1989 年，克鲁扎多又被新克鲁扎多所替代。即便如此，情况并未好转。在接下来的 10 年里，巴西的年平均通胀率依然高达 200%，而人均收入却几乎停滞不前。此时，声称高通胀率是为了快速提高生活水平而必须付出的代价的观点已经站不住脚了。

不可否认，巴西是通胀过度的极端案例。然而，我们可以从中吸取一些教训。首先，尽管我们可能长期甚至是数十年忍受高通胀，但通胀最终会导致社会严重的不平等。在巴西的案例中，只有那些拥有政治影响力的人才能享受到指数调整的全面保护。简而言之，富人变得更富，而穷人则更穷。最终，只有少数已经获得特权的人才能继续享受特权。其次，如果一个国家的邻国对该国的通胀放任不管，那么这个国家可能会长时间容忍通胀。然而，随着全球宏观经济环境的不断变化，这种纵容很容易消失，正如 20 世纪 80 年代初所发生的情况那样。最后，更高的通胀归根结底是一种政治选择。那些财政状况薄弱、征税能力差或公共支出过度的国家，以及那些需要购买选票的政府，倾向于选择通胀，但这实际上是一种目光短浅的选择。如果不加以纠正，这种短视将会带来严重的后果。

央行独立……还是像理查德·伯顿和伊丽莎白·泰勒一样?

建立独立央行的初衷在于，切断货币和财政政策之间的直接联系，至少在政策决策方面是如此。这样一来，各家央行能够更有效地对抗通胀，摆脱选举周期的束缚。许多央行纷纷效仿德国联邦银行在20世纪70年代和80年代建立的独立模式。然而，不同的是，德国人深知恶性通胀的历史，因此他们愿意建立一个强大的货币机构，当民主选举的政府过度扩张财政政策时，央行能够提高利率进行控制。然而，其他国家的央行并没有获得如此坚定的支持。因此，所谓货币和财政的完全分离，不过是不切实际的幻想。历史上有无数案例表明，在财政压力下，政策制定者往往倾向于牺牲货币稳定以换取短期的财政利益。财政和货币这两大宏观经济的调节器，就像好莱坞明星伊丽莎白·泰勒和理查德·伯顿一样。两人两度结婚，直到1984年伯顿去世时，两人也许还彼此爱着，分分合合，始终无法彻底斩断联系。[5]

在21世纪的前20年里，出现了三种"联合"形式：量化宽松政策、欧洲央行的主权债购买计划，以及现代货币理论背后的理念（尽管尚未成为现实）。每一种"联合"形式都引发了——或者有可能会引发——更高的通胀风险。

量化宽松：模糊货币和财政政策的界限

全球金融危机期间，量化宽松政策应运而生。当时，各国央行使用不同的术语来描述这种旨在提供货币刺激而无须降低官方短期利率的措施。例如，美联储采用了"资产购买计划"这一说法，主要是因为其资产负债表上的资产种类相当广泛。相对而言，英格兰银行则主要购买政府债券（即国债），最终英格兰银行的术语成了通用术语。

采用量化宽松政策的原因很简单：央行已经耗尽了传统的货币政策工具。由于短期利率迅速趋近零，人们开始担心，由于现金保证了零名义利率，央行可能会被视为束手无策。因此，人们可能会囤积现金，预期会再次陷入大萧条。而囤积行为将触发需求崩溃，从而引发通缩、企业破产和失业率飙升。这正是他们最不愿意看到的局面。1933年大萧条期间，罗斯福在总统就职演说中一语中的："我们唯一要恐惧的就是恐惧本身。"[6]

采用量化宽松政策的另一个原因是，政策利率与整个经济之间的"传导机制"可能出现了断裂。多家银行的倒闭表明，即使较低的利率能刺激更多人借款，剩下的银行也没能力慷慨放贷。就像经济管道已经停止工作：央行可以调节经济之墙上的利率恒温器，但商业银行的锅炉已经不复往日强大。量化宽松政策的目的是"重振"经济。通过购买各种期限的政府债券，央行降低了借贷成本，使养老基金和保险公司无法再通过购买如今收益率极低的政府债券来满足它们未来的预期债务。相反，它们只能转向风险更高的资产，为投保人寻求更高的回报。

这一举措旨在推高风险资产的价格，希望公司在资本市场上更容易筹集资金。[7] 如果有其他选择，为什么要担心银行无法放贷呢？从某种程度上说，这种方式确实起到了作用：股权价格飙升，企业债的价格也上涨了。然而，资本支出并没有因此加快，大部分情况下，经济增长依然乏力。尽管经济管道可能已经重新"布线"，但没有任何迹象表明经济真正回暖了。

最初，量化宽松只是一种临时性的货币政策工具，但随着时间的推移，它逐渐成为政策制定中的固定工具。对通缩的担忧挥之不去，部分原因在于，经济无法恢复到以往的增长率。但随着失业率稳步下降，政策制定者所面临的经济问题，与其说来源于需求不足，不如说是供应短缺。换句话说，产量增长变得异常乏力。

总体而言，货币刺激对提高生产率的作用微乎其微，甚至可能产生反作用。事实上，正如巴西在20世纪50年代和60年代所经历的那样，货币刺激实际上可能加剧问题，鼓励过多的浪费性、非生产性的私人投资。然而，量化宽松政策却有着不同的作用。通过购买政府债务并将其纳入央行资产负债表，量化宽松政策成了一种机制，消除了政府过去所面临的来自所谓"债市义警"的纪律约束。这些敏锐的投资者在金融市场上徘徊，寻找财政或货币方面的弱点。一旦发现，他们便会迅速出击。相关债券市场将面临巨大的抛售压力，政府的借款成本急剧上升，迫使政府不得不采取行动以扭转这些债市义警所认为的不明智政策。[8]

实际上，量化宽松政策成了一种让债市义警保持沉默的机制，至少鼓励他们到其他地方寻找机会。这样一来，过去的约束就失去了作用。政策制定者可以指着表现良好的债券市场，假装他们的政策正沿着正轨推进。然而，债券市场的良好表现只是幻影：毕竟，央行大规模购买债券本质上是资产市场的国有化，目的就是使价格偏离自由市场条件下的水平。

由此产生的后果是，债券市场再也无法充分发挥其"早期预警系统"的作用，不能纠正潜在的政策错误。反过来，缺少这一系统意味着当通胀的警示信号在雷达屏幕上出现时往往为时已晚，人们只能在通胀风险发生后才进行事后分析。事实上，即使在2021年和2022年通胀飙升的情况下，债券收益率最初也只是相对于历史水平温和上升，这在一定程度上反映了金融市场内部的一种信念，即短期通胀之后会迎来经济衰退。有趣的是，家庭和企业并不完全认同这种信念，因此，需要更多令人上瘾的量化宽松政策。[9]然而，这种立场忽略了一个事实，即在任何给定的经济活动水平下，通胀可能会显著高于过去。投资者可能会重蹈20世纪60年代和70年代前辈们的覆辙，犯下同样的错误。

不幸的是，在某些情况下，量化宽松的确加剧了使用独立货币政策的政治风险。简而言之，由于货币政策与财政可持续性之间错综复杂的关系，协同货币紧缩所带来的财政影响比以往任何时候都更显著。

英国可能是这一日益严重的问题中最突出的案例。量化宽松的会计处理相对简单。[10]在英国，英格兰银行的资产购买机制负责购买英国国债，通过增发额外的央行准备金来融资，这些准备金实际上是商业银行在英格兰银行的存款。对于整个公共部门（包括政府和英格兰银行），国债形式的负债被央行准备金形式的负债所取代。这听起来似乎并无大碍，但对公共财政却有着深远影响。2022年，英国国债的平均期限约为13年。然而，央行储备金是隔夜资金。如果隔夜政策利率（由英格兰银行设定）异常低，那么整个公共部门将会节省资金：银行准备金的利息支付将低于英国国债在没有量化宽松政策情况下的利息支付。换句话说，在宽松货币政策期间，政府会获得意外的收益。然而，在紧缩货币政策期间，即政策利率较高时，银行准备金的利息支付会大于没有量化宽松政策情况下国债的利息支付，这将导致意外的财政损失。实际上，量化宽松政策的一个必然结果是公共债务期限结构整体缩短，这增加了货币政策决策的财政敏感性。短期利率低的时期有助于提高财政稳定性，而短期利率高的时期则可能产生相反的效果，特别是在政府债务高于历史水平的时候。[11]量化宽松政策再次证明了货币和财政之间的紧密联系，这种联系像伊丽莎白·泰勒和理查德·伯顿的联系那样难以切断。

"其他条件相同"条款也适用于这种情况。从财政可持续性的角度来看，生产率带动的强劲经济复苏，同时伴随着较高的利率和丰厚的税收收入，并不那么令人担忧。事实上，乔·拜登、鲍里斯·约翰逊、杰辛达·阿德恩和贾斯廷·特鲁多等左翼和右翼的政治人物都推崇"重建更好未来"的后疫情愿景，符合经济增长、收入增加和利率提高的经济预期。然而，回顾过去，主要经济体都没有真正实现"重建更好未来"的目标。没错，在多数情况下，经济活动迅速增长，但这实际上是高通胀的结果，而国民收入的总量依然低迷。过度通胀可能是由于各国央行过于谨慎，担心被财政紧张的政府指责为过快提高政策利率，从而破坏了财政平衡。毕竟，口号是"重建更好未来"，而不是"让政府资金枯竭"。

为更多主权国家救市：欧元区的财政挑战

美国在内战后面临的经济和金融问题在欧元区卷土重来，虽然严重程度不如美国。这一挑战最初以全球金融危机后引发的欧元区主权债务危机的形式显现。然而，更确切地说，这并非纯粹的主权危机，而是一场国际收支危机：北欧的债权国（类似于美国内战中的胜利方）越来越担心其在欧元区外围国家（相当于南部邦联地区）投资资金的安全。一系列的"资金断流"导致经济崩溃，特别是希腊经历了灾难性的经济和金融崩溃。

危机最显著的迹象是政府债券息差扩大，至少从金融角度来看是如此：葡萄牙、意大利、爱尔兰、西班牙，尤其是希腊的借债成本远高于德国和荷兰。尽管市场表面上已经接受了违约风险上升的事实，但实际情况更为复杂。投资者担心欧元区的存续问题。地区财政转移制度在主权国家内部理所当然存在，但主权国家之间几乎不存在这种机制，在缺乏地区财政转移制度的情况下，人们担心财政压力最终会导致欧元区分崩离析，各国不得不重新使用原有的国家货币。在这种情况下，债券市场成了代理货币市场。例如，投资者担心意大利里拉会迅速贬值，因此要求额外的补偿才愿意持有意大利政府债券。然而，过高的利率只会让意大利陷入持续的债务困境。

在这一点上，时任欧洲央行行长马里奥·德拉吉发表了他的"魔法宣言"，承诺"不惜一切代价"捍卫单一货币政策及其所有参与者的未来。[12] 自此以后，欧洲央行似乎摇身一变，成了卓越的通胀斗士和欧元的坚定捍卫者。然而，事实上，欧洲央行为了防止系统崩溃，不得不大量购买那些无人问津的政府债券。这使欧洲央行同时扮演了三个相互矛盾的角色：价格稳定者、最后贷款人，以及债券市场的主要拯救者。

当通胀低于目标水平且可能演变为通缩时，并没有真正的冲突：持续货币刺激和直接债券购买既符合欧洲央行的货币目标，也符合保持欧元区完整性的愿望。然而，这一切在2021年底开始发生变化。随着通胀压力上升，对主权债务压力的担忧重新浮现。在2021年的大部分时间里，意大利10年期政府债券的收益率比德国的同类产品高出1.25%。到了年底，这一利差扩大至1.5%。短短7个月后，利差更是一度飙升至2.5%以上。尽管与德国和美国、加拿大、澳大利亚等非欧元区国家的利差相比,这一水平还不算高,但这并非问题的核心。在欧元区之外,货币风险普遍存在,但在欧元区内,这种风险本不该存在。

面对再次出现的市场动荡,欧洲央行的应对措施是引入"传导保护工具"(TPI)。[13] 这个工具旨在支持货币政策的有效传导,确保货币政策立场在所有欧元区国家之间顺畅传导。更确切地说,传导保护工具——

可以应对混乱、无序的市场动态,这种动态如果持续下去,将严重威胁欧元区内货币政策的传导机制……欧洲体系将能够在融资条件恶化但基本面无恙的国家购买二级市场证券。[14]

尽管欧洲央行的决定有其合理性,但很难不将这一举措视作对债券市场的某种"国有化"。如何界定"不合理"或"无序"的市场行为呢?一个位于法兰克福的委员会真的既能够判断政策利率的适当水平,又能判断欧元区各国的政府借贷成本吗?这再次把央行塑造成了无所不能的形象:它可以评估各种经济失衡,而那些参与金融市场的"凡人"则没有这种能力。

设立传导保护工具并不是针对市场无序,而是应对随着通胀恐惧加剧而出现的债券利差扩大问题的反应。从另一个角度来看,我们需要考虑的是,在欧元区的不同经济体中,究竟怎样的通胀率是可以接受的。以德国和意大利为例,两国都受到了

2022年俄罗斯天然气管道爆炸事件的影响。到9月，德国的通胀率超过了意大利，达到了两位数——这是自20世纪70年代以来的一个重大转折，当时，石油危机对德国通胀几乎没有持久影响，而意大利的通胀却攀升至极高水平。

这是否相关？或许有关联。一个运作良好的货币联盟通常包含政治协议，允许将更富裕地区的税收转移给相对落后的地区。毕竟，无论是美国的马萨诸塞州和密西西比州之间，还是意大利的米兰和莫诺波利之间，都存在税收转移的情况。重要的是，这个过程通常是自动进行的——这是联邦（或全国）税收、福利和支出系统的自然结果。然而，欧元区只有这种系统的基本框架，并且缺乏统一的财政部，因此每当融资出现"紧急情况"时，都需要采取新的货币"补救"措施。

如今，我们可以将通胀视为全国范围（或欧元区内部）财政体系的一种替代方案。回顾美国内战后的历史，当时北方各州的债权人极力遏制通胀萌芽，因为他们明白，这样做会改变经济调整的平衡：通胀率越高，南方的债务人越受益，而北方的债权人的风险也就越大。欧元区的通胀也有类似的效果。德国和荷兰的债权人会发现自己的存款贬值，至少现金和债券是这种情况。而随着时间的推移，南方的债务将逐渐被"免除"。诚然，这个过程与持续的价格稳定背道而驰。但是，如果提高利率来控制通胀的代价过高，欧洲央行可能会选择长期容忍高通胀率：在这种情况下，通胀将成为财政转移的替代机制。无论欧洲央行是否愿意,它已经被卷入财政领域,因为在极端情况下,通胀是一种财政工具。我们再次回到了泰勒和伯顿的问题。

现代货币理论:仿佛历史从未发生

通胀似乎已成为遥远的记忆,因此必然会出现新经济理念。毕竟,保持低通胀并非解决经济问题的万能钥匙。一些国家的失业率仍然居高不下,区域不平衡显著,尽管国家间的收入不平等有所缩小,但国家内部收入不平等问题严重,技术进步和工作外包意味着一些工人(至少在欧洲和北美)似乎都困于毫无出路的工作。

现代货币理论的支持者认为,这一理论在一定程度上提供了解决方案。该理论的核心观点是政府拥有货币发行权,这与可能面临资金短缺的家庭、企业(以及欧元区成员)截然不同。政府是货币的"发行者",而不仅仅是"使用者"。因此,从偿还债务的能力来看,预算赤字无关紧要。同时,政府债务也不会成为限制因素,因为拥有货币发行权的政府永远不会有违约的风险。此外,它们认为"通胀并非由货币总量的增加引起的"[15],而美联储则"将失业人口视为抵御通胀的主要手段"[16]。货币政策在刺激经济方面的作用有限,因为它"主要通过让消费者和企业负债来发挥作用"[17]。相反，财政政策更为有效，因为与"使用货币"的家庭和企业不同，政府总是可以通过印发货币来偿还债务：它们是货币的"发行者"。

现代货币理论颠覆了 20 世纪 90 年代以来的传统宏观经济思维。这一理论主张使用财政政策而非货币政策来调控经济。宏观经济管理应该由民选官员负责，而非技术官僚的中央银行家。不应将失业作为控制通胀压力的机制。央行不应为了经济复苏而鼓励家庭或企业过度举债。政府应致力于创造更多的就业机会，在必要时印钞。政府有责任控制通胀，应采用财政政策而非货币政策来实现。而且，由于选票压力的影响，无论政治倾向如何，政府都会严肃对待这一责任。显然，只有那些无须面对民主选举的人，尤其是央行界的人，才有可能管理不善而导致通胀失控或政策失败，从而引发衰退。

现代货币理论派与传统宏观经济思想一样，坚信他们的方法能够控制通胀。然而，更合理的解释是，现代货币理论之所以得到支持，是因为长期以来通胀已经得到了有效控制。例如，建议政府可以被信任来控制通胀，这实际上与历史证据相悖。政府可能比其他机构更希望看到通胀，这既是因为它们掌握着货币发行的权力，也是因为通胀的替代方案，如提高税收、实施紧缩政策或违约等，往往在政治上是难以接受的。

现代货币理论的支持者主张，有了印钞机，就不需要提高税收来资助公共开支。在他们看来，税收有其他作用，其中之一是进行宏观经济调控。而对于更有想象力的人来说，税收实际上是一种鼓励人们工作的机制，他们认为："税收义务创造了想要赚取政府货币的商品和服务提供者。"[18] 然而，他们的观点忽视了历史上政府控制印钞机与通胀之间的紧密联系。这一历史现实在本书中已有所探讨。

最终，政府会通过印钞迫使人们缴纳更多税款。具体机制因情况而异，但结果通常是相同的。在其他条件相同的情况下，政府通过大规模借贷和货币扩张来资助开支，这会加剧通胀，产生以下影响：第一，压低实际利率，损害储户的利益（相当于对现金资产征税）；第二，降低汇率，提高进口价格（相当于提高进口商品的增值税），或者让价格上涨超过工资增长（如同战时稀缺资源优先用于军事需求），从而剥削消费者；[19] 第三，剥夺穷人的利益，因为穷人微薄的储蓄更可能是现金形式，而非抗通胀资产，而且他们更难有效抵御通胀上升带来的压力。而那些拥有抵押贷款和定价权的人（大公司、工会工人），以及负责管理政府财政的人，可能会受益。这一过程既隐秘，又严重违反民主原则。

更糟糕的是，当通胀真的发生时，现代货币理论的支持者认为解决方案不在于总体上遏制通胀，而在于限制问题严重区域的需求（特别是能源），或是增加供应。他们的观点基于对历史的有趣解读。例如，20世纪80年代，由于卡特总统简政放权，中东和平条约[20]得以签署，开发了替代石油的天然气，这些因素最终遏制了通胀。[21]

2022年中期的建议是采取类似的行动：

我们需要就俄乌冲突达成解决方案。我们还需要立即投资可再生能源……美联储无法降低通胀，因为它无法降低能源价格……拜登总统应该实事求是地向美国人民说明情况……要求人们避免不必要的旅行……敦促雇主支持远程办公……为所有乘客提供免费的公共交通……减轻港口积压……建设住房！[22]

这些都是值得赞赏的做法，然而，当我写下这些文字时，通胀的危机紧随新冠疫情而来。事实上，能源价格本身并没有推高美国的通胀率。耐用品、非耐用品、服务以及（稍显滞后的）工人工资都在不断上涨。等待签署和平条约，或者寄希望于增加供应以满足需求，都不过是痴心妄想，而非应对通胀的可行政策选择。1940年，约翰·梅纳德·凯恩斯撰写了他那本著名的小册子《如何支付战争费用：财政大臣的激进计划》，因为他正确地认识到战争会引发通胀。他的解决方案相当复杂，包括通过储蓄政策在战争结束时确保"递延消费"；但他的建议并非从"我们需要与阿道夫·希特勒达成和平协议"这样的思路开始的。[23]

我们很容易得出结论：现代货币理论的支持者似乎对通胀问题掉以轻心。和其他人一样，他们当然也不希望通胀出现；但当通胀真的出现时，为了避免短期的经济阵痛，他们要么轻描淡写，要么提出令人难以信服的解决方案。毕竟，这个学派坚信印钞是资助政府债务最简单可靠的方式。然而，印钞也是现代社会价格稳定最主要的威胁。他们也采用泰勒和伯顿的方式，假装财政政策完全独立于货币政策。

但这两者之间有一个显著的区别。传统框架强烈反对财政主导货币政策：其倡导者担心政治上的权宜之计只会加剧价格不稳定；他们甚至错误地假设这两个政策杠杆可以保持独立，这样更简单。然而，现代货币理论的支持者却接受了财政主导的观点，这似乎是基于对历史的曲解，认为政府设法避开了滥用印钞机的诱惑。在他们的世界里，只有货币当局是不可信任的。但这是一个虚构的世界，并非事实。

政府和通胀：结论

并非所有政府都会选择通胀的道路，但它们面临的情况将决定它们是否会选择这条道路。

政府采取通胀策略的频率往往取决于该国的历史经验。例如，与战后的德国相比，巴西对通胀的接受度更高。通胀实际上是一种隐蔽的对公众征税的方式，通常在提高税收等其他筹集收入的选项在政治上不受欢迎时才会被采用。[24] 从结构上来看，某些税收体系相较于其他体系更为高效，这也是为什么一些新兴市场更频繁地将通胀作为财政选择，而发达国家则较少这样做。

战争最终证明通胀是一个有效的隐形税收工具。无论冲突是发生在国家内部（如美国内战），还是发生在国家之间，政府可以通过印钞轻松地增加军费，同时减少民用支出，进而推动通胀上升。

在大稳健时期之后，人们很容易忘记政府在制造通胀方面的作用。然而，由于人们普遍相信央行的独立性和通胀目标制的有效性，因此对通胀友好的机构改革悄然渗透，包括量化宽松政策，以及欧洲央行在欧元区内维持稳定的角色。

许多货币主义者认为的这种渗透是货币供应扩张带来的直接问题，但事实并非如此。相反，这是债券市场的信号失灵，反映了货币和财政稳定的冲突，以及欧元区不顾一切防止单一货币政策失败的决心。这些因素共同为通胀创造了条件。虽然没人希望看到通胀上升，但自全球金融危机以来，政策的调整确实让通胀更有可能发生。

那些主张将控制通胀的责任转移给民选政府的人可能认为，通过民主选举产生的政治家比技术官僚更能找到通胀和失业之间的正确平衡；然而，历史证据完全不支持他们的观点。如果自行其是，政府不可避免地会受到通胀的诱惑。央行的存在正是为了阻止政府听任这种诱惑。让政府自由发挥等同于解开奥德修斯的绳索，并从他的船员耳中取出蜂蜡。[25] 如果希腊神话有所启示，那就是放任政府自由发挥，结局不会太好。

事实证明，通胀是极其不公平的现象。在解释了为什么政府难以抵制通胀的诱惑后，现在是时候建议它们最好不要这样做了。

第四章

抵制通胀的理由

魏玛共和国的通胀之王——20世纪70年代对公平的关注——随机产生的赢家和输家——逃避税收——人人都想要福特卡普里——货币行动的成本——现代社会对工资适度的需求

如果上一章讲的是关于政府难以抵制通胀的原因,那么这一章就是关于需要解决通胀问题的理由。通胀的代价高昂,然而,有时在总体经济数据中可能很难看到其成本。

通胀之王

举例来说,1918—1923 年德国的恶性通胀是众所周知的极端案例。如果我们将 1914 年以前价格平均水平的基准设置为 100,那么到了 1923 年末的巅峰时刻,价格水平达到了惊人的 142 905 055 447 917。货币贬值的故事数不胜数:有人同时购买了两瓶水,担心如果稍作等待,第二瓶水的价格就会上涨(这无疑是"时间就是金钱"的绝佳例证);还有那些曾经富裕的房东变得一贫如洗，因为租金受到政府调控，无法跟上快速上涨的维修成本；更令人震惊的是，一些学校为了购买面包，竟然不得不卖掉整个图书馆。

然而，整体数据只会掩盖个体的创伤。在1918年一战结束至1923年德国恶性通胀最严重的这段时间里，德国的人均实际收入下降了7.8%。在同一时期，英国人均收入的下降幅度甚至更大。社会流动性的丧失无疑对英国的经济活动造成了巨大影响，但英国所面临的金融困境却远不及德国那么严重。那么，为什么德国的生活水平下降程度在数据上看起来没有英国那么严重呢？

原因之一是，德国的超级通胀产生了极端的输家和赢家。每个拥有金融资产的人都受到了巨大的影响：通胀可能会抹去全部名义纸面资产的价值。相比之下，那些能用杠杆购买房产、厂房或囤积货物的人则赚得盆满钵满。毕竟，他们借入的马克仅在几个小时之后就大幅贬值。

不可否认的是，任何理智的出借人在目睹这种货币乱象时，都会要求极高的利率作为风险补偿。然而，政府的决策却显得不够明智，其贴现率虽然有所上升——从1922年初的5%上升到1923年初的12%，并在同年9月飙升至90%，但到那时，德国的通胀率已经极高：你只需随机挑选一个数字，在后面添上几个零，就能得到一个粗略的近似值。

实际上，能够以极低的利率借到贷款的大型企业从借贷行为中获益颇丰。它们的"负债"将在几天内就消失。它们就像置身于一个无尽的蜜罐中,无论是熊还是饲养熊的人,都将变得非常富有。然而,对于小型企业来说,每天30%的利率更像是"发薪日"贷款的极端版本,这在全球金融危机之后的英国备受争议。

在货币乱象中赚得盆满钵满的是胡戈·迪特尔·施廷内斯(1870—1924年)。据1922年版的《不列颠百科全书》记载,他是鲁尔区米尔海姆一家小公司的创始人马蒂亚斯·施廷内斯的孙子。胡戈比他的父辈更有商业头脑,20岁出头便开始涉足煤炭贸易。后来,他的业务迅速扩展至交通运输领域,他购买了一批船只运煤,并在汉堡、鹿特丹和纽卡斯尔设立了办事处,同时还是多家工业公司的董事。一战爆发时,他已经是百万富翁了。

然而,一切才刚开始。在战争期间,他通过垂直整合商业活动大幅削减成本,积累了巨额财富,从而支持德国赢得战争。战后,和许多德国商人一样,由于越来越担心布尔什维克起义的威胁,他开始资助反布尔什维克基金会,并在1920年成功进入德国议会。尽管他似乎有意资助希特勒,但他是否真的这样做过还有待考证。无可争议的是,在恶性通胀期间,他变得富可敌国。他利用外币作为抵押品借入德国马克,到那时,他已经成为一名真正的国际商人。实际上,施廷内斯获得了巨额补贴来拓展他的商业利益。1923年3月,在法国占领鲁尔区之后,他登上了《时代》杂志的封面,从此在国际上声名大噪。[1] 杂志中的文章称他为"煤炭大亨、百万富翁、德国最杰出的人才",并总结道,"像所有在国际政治无人区行动的神秘人物一样，无论哪一方获胜，他都会成为赢家"。[2] 人们称他为"通胀之王"。

1924年，在一次普通的胆囊手术中，由于缺乏抗生素，施廷内斯去世了。此后，尽管他的商业基因在德国铁路公司和德国莱茵集团（RWE，能源供应商）还有一丝残存，但他的商业帝国轰然崩塌。他的故事虽然极端，但却为世人上了一堂生动的"通胀课"。在这场经济风暴中，有人失败，有人成功。通胀是一种强大但非民主的财富再分配手段，它可能不会摧毁整体经济，但能摧毁许多身处其中的个体。

是输是赢，时过境迁

然而，值得强调的是，通胀在制造"赢家"与"输家"方面，不仅是事后的结果，更是一种事前的威胁。事实上，高通胀的后果是可能降低收入和财富的不平等程度。但是，实现这一目标的道路却充满了阻碍。

一个典型的案例是英国在20世纪70年代的经历。那时，高通胀往往伴随着收入和财富不平等的加剧（与历史和未来相比）。举例来说，英国最富裕的10%人群所拥有的财富，从1900年的接近100%降至1950年的87%，到1960年降至78%，到1970

年进一步降至72%，到1980年更是降至58%。与此同时，最富裕的10%人群的收入占比也从1900年的56%逐渐降至1950年的49%，1960年降至39%，1970年再降至31%，并在1980年稳定在30%。[3]

然而，这些数字有一定的误导性。首先，它们无法反映人们相对地位的变化。例如，一个家庭可能在一年内变得非常富裕，而另一个家庭则可能陷入贫困，这种情况下，整体的不平等程度可能保持不变，个体的命运却大相径庭（正如许多像胡戈·迪特尔·施廷内斯一样的人，从富裕走向贫困）。其次，通胀并不是影响不平等的唯一因素，性别平等立法、全球化、区域发展不平衡、税收制度等多种因素也在发挥作用。

因此，另一种研究方法是回溯历史，了解人们如何看待从低通胀转变到高通胀的原因及后果。当然，在不同的政治叙事下，人们对原因的看法也不尽相同。根据当时的调查，在1966年和1975年，英国社会都将"贪婪的工人"及工会的集体加薪要求视为通胀元凶，尽管在那几年里政府已经竭尽全力协调工资政策。不知为什么，管理层受到的谴责较少，可能是因为如今看来显而易见的低效率在当时并不那么明显。许多人将通胀上升归咎于"世界形势"，特别是整体商品价格迅速上涨，尤其是1973年底石油价格上涨之后。其他原因还包括当时欧洲经济共同体（英国于1973年加入了这个后来演变为欧盟的组织）[4]的成员资格，以及关于不同硬币相对价值的辩论和十进制的影响。耐人寻味的是，大多数受访者并不认为当时各国政府应对通胀负有责任，他们似乎出于宿命论的观点，认为这是一个无法解决的、令人烦恼的、来源不明的问题。[5]

20 世纪 70 年代中期，工党上台执政，"贪婪的工人"的叙事得到了强化。可以理解的是，哈罗德·威尔逊和他的同僚们想要解决眼看就要失控的通胀，但他们并不希望采取任何可能加剧失业的措施。毕竟，工党代表的是工人的利益，其他一切都要为工人的利益让步。显然，一份自愿的"社会契约"是恰到好处的选择。因为人们普遍认为通胀是"不公正的"，所以强调公平。

坚持公正的不公正

在 1975 年面向公众发行的一本名为《抗击通胀：生存法则》的小册子中，作者认为持续的高通胀将"加剧失业问题，导致外部经济崩溃，严重损害国家的社会和经济结构"（尽管在当时，通胀才是问题的核心，而这一节的标题却是"就业：一切的核心"）。然而，在这本小册子的前言中，首相威尔逊的表达更为温和，他质疑："政府的措施公平吗？""这些措施是否有效？"威尔逊指出，议会已通过投票决定实施"每周加薪上限为 6 英镑"的政策，并补充说：

议会内部的讨论已经结束，但全国范围内的讨论仍在继续。无论是在家里的饭桌上，还是在电视、广播和报纸上，甚至是在工会和政党会议上，人们都在热烈讨论。全国都在探讨如何最好地支持政府的计划。我们作为个人以及机构中的一分子，又该如何全力以赴地抗击通胀？[6]

这很难说是对威尔逊本人领导的政府所提建议的坚定支持。确实，尽管关注公平和民主决策是可以理解的，但政府已经清楚地知道英国的通胀表现远非理想。小册子中列举了五大"事实"，其中之一是：

大多数国家都降低了通胀率。我们现在却没有做到……在全球市场上，英国的主要竞争对手现在占据了优势。它们的价格增速仅是我们的一半。差距正在拉大。

从通胀的严重程度来说，威尔逊的抗通胀目标可以说是保守的。他期望到1975年底，通胀率能够降至10%，到1976年底降至10%以下。然而，实际的通胀率却分别为24.9%和15.1%，远高于英国的主要贸易伙伴。[7]

试图实现"公平"反而适得其反，原因其实很简单：在20世纪70年代的英国，生产率增长水平低下，生活水平面临严重的下行压力，每个人都不得不做出牺牲，但个人、公司和工会之间却缺乏合作意愿。毕竟，通胀的影响是显而易见的。人们普遍认为通胀会侵蚀收入，这不公平。因此，要求提高工资作为补偿是合理的。那些有能力提高工资的政府会这么做——当政府更关注公平而非经济稳定时尤为如此。

与此同时，控制通胀的努力以失败告终，因为最受欢迎的解决方案并未奏效。1974年10月的英国选举调查显示，绝大部分受访者反对通过提高失业率来降低通胀。虽然缩减开支或提高税收等紧缩政策相对更容易接受，但依然不受欢迎。保守党和工党的选民中，大部分人都支持严格的工资控制。实际上，为了共同的福祉，每个人都会做出一些小小的牺牲，唤起了人们的"敦刻尔克精神"。

然而，存在四个大问题。第一，正如我们所见，通胀下降的速度不够快，这意味着那些做出小牺牲的人徒劳无功：政府和选民都没有真正理解引发通胀的确切原因，因此他们自然倾向于选择最不痛苦的方案。第二，外汇市场完全不相信这些措施，1975—1976年，英镑大幅贬值，进一步推高了进口价格和通胀。[8]第三，随着1976年国际货币基金组织的救援，英国最终实施了一系列痛苦但必要的货币紧缩政策，这导致20世纪70年代后半期的失业率比前半期翻了一番。第四，工资控制实际上阻碍了劳动力市场的正常运作。有时，公司通过提高工资来吸引工人是合理的，有助于利用潜在的生产和盈利机会，但严格的工资控制阻止了公司这样做，从而限制了经济扩张的潜力。

事后来看，很容易认为，多亏了国际货币基金组织，英国才实现了货币主义。威尔逊的继任者詹姆斯·卡拉汉和财政大臣丹尼斯·希利似乎经历了一次彻底的转变，首次将货币目标引进英国。此外，尽管卡拉汉领导的工党政府实力薄弱，在1977年3月至1978年9月，工党在自由党的支持下才推动立法，但在1978年末，有迹象表明卡拉汉也许能赢得大选：在10月和11月，民意调查显示工党的支持率超过了保守党。

然而，工党领导层并未完全接受货币主义，无论是在思想上还是在政治上，他们仍然支持工资控制的理念。但工人们越来越不想这样了。1978年末，福特的工人达成了17%的工资协议，这完全打破了政府为公共部门员工设定的5%的指导方针。随后，多地爆发了罢工，这反映了20世纪70年代所谓的"错失恐惧症"。运输工人、掘墓人、垃圾收集员、医院员工，他们都决心打破政府的工资"上限"。在这个"不满的寒冬"，民意调查的结果发生了决定性变化：工党的微弱优势消失了，预示着次年5月保守党将迎来一场压倒性胜利。

不难看出"社会契约"是如何演变成某种反社会行为的。只有在真正有助于显著降低通胀的情况下，工资控制才可能受欢迎。然而，工资控制并未发挥预期效果，主要是因为工资过度增长并不是引起通胀的唯一原因。在通胀持续高涨的背景下，社会契约不可避免地崩溃。政策制定者被调查结果误导，错误地判断了通胀，这也提醒了政治家，制定政策时不应只考虑小团体的利益。这种误判意味着许多工人开始认为工资控制毫无意义，只会带来实质性的降薪。

有关超市的类比

在这样的情况下，遏制通胀异常困难。一旦某一类工人涨了工资，其他群体也想紧跟步伐。没人愿意被落下。

想象一个简单的类比。购物者们在超市的收银台前排队结账，每个人的购物车里都装满了食物。每隔几分钟，就有一辆购物车里的货物被处理、结账，购物者随后将商品装车，满心欢喜地回家准备将橱柜填满。然而，如果超市经理突然决定不再为剩下排队的购物者提供服务，告诉他们必须空手而归，那么他们购买一整周生活用品的努力都将化为泡影。眼看着其他购物者满载而归，自己却因为一个反复无常的超市经理而面临晚上没有食物的窘境，他们当然会感到愤怒，甚至会采取暴力等形式的抗议来表达自己的不满。

在现实世界中，商店都会公布明确的营业和闭店时间，一旦营业时间结束就不再接待新顾客，但会确保已经在店里的顾客能排队结账。从商业角度来看，管理顾客的期望是明智之举，毕竟没有人希望失望而归。[9]然而，在高通胀时期，工资谈判仿佛变成了无序的自由竞争。在缺乏明确"游戏规则"的情况下，往往会出现"你死我活"的局面，首当其冲的是公平原则。20世纪70年代的英国政府连续失败，原因不仅在于它们未能找到通胀的根源，更在于它们试图通过收入政策来实现难以实现的公平。

更糟糕的是，在这种情况下遏制通胀变得异常困难。没有政客愿意扮演超市经理的角色，因为与超市经理不同，政客们需要维持自己在选民中的受欢迎程度。他们通常不会在所有人都有机会购物之前就关店，因此购物活动仍会继续。在通胀的案例中，工资和价格继续呈螺旋式上升。到这时，宿命论开始占据上风。正如两名经济学家所描述的20世纪70年代中期英国过高的通胀率："每个国家的（工资和价格）弹性程度各不相同，在工会强大和存在垄断行业的国家，问题尤为严重。"[10]

财富的脆弱性：施廷内斯效应

在工资-价格螺旋上升的过程中落后并不令人愉快。同样，看着自己的财富在价格持续上涨或下跌中被逐渐侵蚀，也并非乐事。在这样的时期，货币无论是贬值还是升值，都让人感到不安。通过对比20世纪美国历史中两个截然不同的时期，可以清晰地看到银行存款、长期政府债券、股票市场和房地产等各种资产的实际（即通胀调整后的）回报的巨大差异。

20世纪30年代可谓波折不断，仿佛在坐过山车。大萧条之后，又出现了较小的经济萧条，整体呈现出通缩的态势。在这10年，物价下跌了约12%。同一时期，房地产市场的表现尤为惨淡，其真实收益率仅为9.2%，远低于存款20.5%的真实收益率。尽管股市的走势异常坎坷，充满了额外风险，但其收益率为24.2%，略高于存款。而为政府提供长期贷款是迄今为止收益率最高的选择，总实际收益率高达69.8%。[11]

现在将这些数字与20世纪70年代进行比较，在这10年中，价格上涨了117%。由于石油价格高涨，美国的整体经济状况比以往更为严峻，各种资产的表现都不尽如人意。然而，不同资产类别的相对表现却有着天壤之别。在20世纪70年代，以实际价值计算，现金储蓄和政府债券的表现最为糟糕，分别下降了11.2%和35.1%。权益类资产和房地产虽然勉强维持了一些正收益，但也仅仅分别上涨了4.2%和5.5%。总体而言，储蓄者和财富持有者的实际收益在那10年大幅缩水，部分原因正是意料之外长时间持续的通胀。普遍观点认为，对抗通胀的最佳方式是投资所谓的"真实资产"，真实资产直接代表未来经济的某种权益。这个观点有一定的道理，它更多地反映了通胀对债券和现金的灾难性影响，而非其他投资选择的绝对优势。

实际上，在20世纪70年代，最佳策略是大举借入现金，然后投资于股票、房地产或优质的实物资产，效仿20世纪20年代初魏玛时期胡戈·迪特尔·施廷内斯的策略。负债会随着通胀缩水，正如银行存款和政府债券的负收益反映的那样，而所谓的实物资产可能会略有增值。其中，首次购房者获益最大，他们的贷款会因为负利率和名义工资的快速上涨而逐渐减少（当然，失业情况除外）。处于最不利地位的群体是那些租赁住房、手头现金有限的人（只有当人们能承担风险资产组合可能出现的持续亏损时，才推荐分散化投资策略）。还有那些在职场上缺乏议价能力的人，如领取养老金的老年人、未加入工会的工人以及依赖资助生活的人，总之是社会中最脆弱的群体。

富裕与贫困的储蓄者：有些群体更脆弱

英国20世纪70年代的储蓄模式很好地印证了上述结论。当时，收入较低的人群中，有39%拥有带息储蓄，35%拥有自有房产，68%购买了寿险，但仅有4%持有股票。而对于收入最高的人群来说，这些资产类别的持有比例分别为67%、71%、83%、16%。[12] 历届政府都未能实现公平，这不仅是因为收入政策无法有效限制工资增长，更是因为他们很少考虑人们财富积累的起点差异。

许多人受到了影响，另一些人一开始还幸免于难。然而，税务部门随后采取了行动。最高收入税从 1973—1974 年的 75% 上涨到了后来的 83%。此外，还对富裕阶层额外加征 15% 的投资收入税，这意味着社会中收入最高的群体需要缴纳高达 98% 的边际税率。坦率地说，这样的税率是否公平已经不重要了。面对如此高的税率，人们要么雇用优秀的会计师来避税，要么选择放弃国籍。选择放弃国籍的人不在少数，大部分是名人，比如：约翰·巴里，詹姆斯·邦德系列电影插曲的作曲者；雪莉·巴锡，詹姆斯·邦德系列电影插曲的演唱者；盖伊·汉密尔顿，《007 之金手指》《007 之金刚钻》《007 之生死关头》等影片的导演；肖恩·康纳利，詹姆斯·邦德的第一任扮演者；罗杰·摩尔，詹姆斯·邦德的第三任扮演者；[13] 马克·波兰，摇滚乐队 T. Rex 的幕后推手；大卫·鲍伊；迈克尔·凯恩；罗德·斯图尔特；平克·弗洛伊德乐队的所有成员。[14]

当时英国正面临严重的经济困境，这群好莱坞明星、邦德英雄和摇滚明星纷纷出国避税，显然容易被批评为自私。然而，即使这种批评有其道理，也未必是最相关的结论。对致力于公平的政府而言，如果未能意识到通胀本身就是极度不公平的，后果将是灾难性的。放任通胀只会加剧社会不公平，引发更强烈的批评，从而催生更为严苛的税收政策，产生一系列不可预见的后果，其中之一就是催生了庞大的避税产业。

人人都渴望拥有一辆福特卡普里

确实，决策者们深知通胀不公平。在之前提到的《抗击通胀：生存法则》小册子中，有一个章节的标题为"粗犷的正义"，哈罗德·威尔逊的撰稿人员在此指出，抗击通胀的计划——

是艰难的，因为它需要采取严厉的措施来应对当前的危机。然而，它是公平的……因为除了低收入者之外，该计划要求每个人都接受生活水平下降，直到这些措施开始对价格产生影响……由于设定了每周6英镑的工资限制，意味着低收入者能够获得相对较高的收入，而且……计划还包含了帮助弱势群体的条款……养老金领取者和社会保障人员的收入将进一步提升……此外，还有其他帮助家庭主妇的措施……

然而，事实摆在眼前，任何形式的自愿薪酬限制恐怕都难以奏效，因为工资压力实际上是更广泛通胀的一部分。决策者或许已经意识到了这一点，但他们担心，为了遏制通胀在短期内收紧货币政策可能会带来巨大的痛苦和冲突。[15] 因此，他们更愿意倡导个人及组织自愿采取节制措施。在《抗击通胀：生存法则》小册子的末尾，威尔逊指出："一个人如果涨工资，不仅意味着需要承受更高的价格，还可能让他自己或邻居失业。"然而，对于当时很多男性而言（很遗憾，那个时代的很多女性被局限于家庭主妇的角色），这意味着："如果买了一辆全新的福特卡普里，不仅会招致邻居的嫉妒，也可能激发邻居为了购买最时髦的汽车而加薪的要求。"

与其担心无所作为，不如担心采取错误的行动

通过比较每 10 年的平均通胀率和政策利率水平，我们可以看出英国决策者在 20 世纪 70 年代控制通胀的犹豫态度。但在此之前，需要指出的是，在 20 世纪 50 年代和 60 年代，英国的主要货币目标是防止货币贬值，并高度推崇外汇管制。因此，在那个时候，利率和通胀之间的关系并不需要特别紧密：政策的重点在于稳定国际收支，防止英镑挤兑。然而，到 20 世纪 70 年代初，情况发生了变化，当英镑在外汇市场上自由浮动时，在英国摆脱了外部货币约束后，理论上应该更加严格地约束国内货币。但遗憾的是，英国大部分时候并没有这样做。

表 4-1 呈现了相关结果。在 20 世纪 60 年代，短期利率显著高于通胀率，部分原因是当时英国正努力防止英镑贬值，但最终未能成功。到了 1967 年，英镑出现了大幅贬值。4 年后，随着固定但可调整汇率的布雷顿森林体系崩溃，英镑开始自由浮动

（尽管在20世纪70年代的大部分时间里，英镑实际上经历了快速贬值，更准确地说是暴跌）。因此，20世纪70年代对于政策制定者而言是一次严峻的考验：他们能否以货币供应或通胀目标等内部约束来取代汇率等外部"约束"？

表 4-1 抗击通胀：货币政策问题

年份	政策利率	通胀	真实政策利率
1950	4.1	4.4	−0.3
1960	6.1	3.9	+2.2
1970	10.1	12.8	−2.7
1980	12.0	5.6	+6.4
1990	7.8	2.7	+5.1
2000	4.0	2.1	+1.9

资料来源：英格兰银行；作者的测算，政策利率的10年算术平均值，通胀率的10年几何平均值。

如果事实胜于雄辩，那么答案无疑是一个响亮的"否"。尽管20世纪70年代的政策利率远高于20世纪60年代，但通胀率却更高。对于借款人来说，他们成了受益者。诚然，与半个世纪前魏玛时期的恶性通胀相比，当前的通胀率和政策利率之间的差距看似微不足道，但背后的原则却是相同的：对于那些有机会获得信贷的人来说，更明智的选择是尽量多借贷。公平地说，这样做的人必须相信高通胀会持续一段时间，也就是说，他们对通胀的预期与当前的通胀现实同样重要；当时政府传递的信息很容易让人得出这样的结论。在这种背景下，名义收入（即第二章提到的价格乘交易量）很可能会迅速上升。实际上，1973年的石油危机致使国家的经济状况进一步恶化。同样，名义收入的任何增长都可能是由价格迅速上涨推动的，即使交易量在下降。换句话说，20世纪70年代英国的货币安排几乎注定了会出现持久的滞胀。

在20世纪80年代，政策利率与通胀之间的关系发生了根本性转变。至于那些在1979年大选时投票支持玛格丽特·撒切尔的选民是否实现了他们的诉求，我们无从得知，但从货币政策的角度来说，这一时期确实发生了决定性的制度变革。尽管20世纪80年代的利率高于20世纪70年代，但通胀率却显著下降了。然而，这一转变最初付出了巨大的代价：失业率飙升，大规模去工业化，区域不平等问题加剧。如果早10年就着手抗击通胀，代价是否会更小一些呢？或许如此。事实上，联邦德国和其他对通胀深恶痛绝的国家已经证明了这一点，由于它们更早地采取了行动，成功地将通胀率和失业率都控制在了较低水平。这一切都表明，建立可信的货币规则体系至关重要。

回到20世纪70年代

如果放任通胀不管，就会出现前面提到的超市类比。人们普遍担心被落下，不信任情绪加剧，不确定性也随之上升。如果政府难以预测个人或企业在经济中的相对地位，那么很可能会推迟决策，无所作为，或者是做出错误的决策（第三章中巴西的浪费性投资就是一个案例）。在数年甚至数十年后，这种扭曲决策的影响才完全显现。然而，随机产生的赢家和输家很可能是因为经济蛋糕变小了。货币贬值并不一定会引发革命，但经济成本非常高。例如，在20世纪70年代，英国的生活水平改善程度低于平均水平：与20世纪60年代的25%和20世纪80年代的27%相比，仅上涨了20%。在面对同样的外部冲击时，英国的表现也比其他国家逊色：10年内，德国的生活水平提高了30%，法国的生活水平提高了29%，两国都有更低的通胀率和更高的生产率。有趣的是，之后的10年，情况发生了逆转。在这10年，英国的通胀率迅速下降，超过了其邻国。[16]

通胀的代价往往不会立即显现，因此这一问题才得以滋生。虽然抗击通胀的代价高昂，可能会引发利率上涨甚至经济衰退，但从长远来看，放任通胀不管的代价更大，最终会破坏社会结构的稳定。然而，负责控制通胀的决策者往往只是口头劝诫限制工资和价格，似乎口头上的说服行为会奏效。在2022年，英格兰银行行长安德鲁·贝利仿效哈罗德·威尔逊的做法，说道："我们确实需要正视工资温和上涨所带来的挑战，尽管这可能会很痛苦。但我们必须面对现实，这样才能更快地找到解决问题的途径。"对此，联合工会的秘书长莎伦·格雷厄姆反驳道："通胀或能源危机的起因并不是工人，他们为什么要为此买单呢？"[17] 2022 年，20 世纪 70 年代的叙事似乎已经回归。

通胀的不公平：结论

通胀一旦形成，本质上就是不公平的。然而，人们关注的是通胀对收入和财富的"被动"影响：价格上涨让人们处于不利地位，尤其是对某些形式的储蓄造成较大冲击。然而，对这种不公平采取的所谓"主动"应对措施，反而可能加剧问题。在社会中，一些群体能够更好地保护自己免受通胀的影响。比如胡戈·迪特尔·施廷内斯、拥有定价权的大公司，以及拥有工资制定权的工会工人。相对而言，处于不利地位的则是那些养老金微薄、现金储蓄不多，以及依赖资助生活的人。当"输家"面对通胀带来的困境时，往往会责怪"赢家"，从而忽视了通胀的根本原因。

无论是在政治层面还是道德层面，直接保护人们的收入和财富都是必要的，但这只是治标不治本，无法从根本上解决问题。更糟糕的是，如果忽视通胀的根本原因，时间越长，"救助"的成本就会越高。尤其是在能源价格剧烈波动之后，如 1973 年底油价翻两番，以及 2021 年和 2022 年天然气价格增长 10 倍等事件，单纯的救助措施只会掩盖惨淡的经济新现实。

忽视人们在财富和储蓄方面的初始条件，意味着忽视了通胀引发的许多不公平现象。通胀不仅意味着商店中商品价格的上涨，它更是一种机制，让一些人未来的权益随着时间的推移而迅速贬值。不断上涨的价格最终会侵蚀货币的价值，破坏现金储蓄的实际购买力。

通胀对社会的影响不会立刻显现。尽管食品和能源价格上涨常常成为头条新闻，但通胀是一个缓慢而隐蔽的对手。其中的原因很简单：政策制定者意识到处理通胀可能是痛苦的。因此，在短期内倾向于把通胀归咎于外部冲击，然后为自己的行动找到合理的借口，但这些行动往往无法有效控制通胀。这只会忽视通胀的真正根源，从而增加其在中期内持续存在的可能性。

一旦确认通胀已经发生且不公平现象开始出现，就必须及时采取应对措施。不同的措施效果各异，有的效果显著，有的则收效甚微。下一章将详细解释背后的原因。

第五章

对抗通胀，哪些有效，哪些注定失败？

菲利普斯曲线——弗里德曼/费尔普斯攻击——理性预期革命——萨金特的恶性通胀——为什么温和通胀的问题更大——工资和价格控制失灵——能源补贴"累加"问题——期望/经验法则——解释曼联的堕落

简单来说,通胀现象不仅是一种货币现象,而且涉及信仰、社会习惯和信任。政府往往难以抵制选择通胀的诱惑,即使最后以失败告终。货币和财政安排可以相互独立,但在实践中却常常陷入伯顿和泰勒般的相互依赖与冲突的循环中。这种循环会加剧社会中深层次的不平等,害怕错失机会而采取的行动又常常威胁政治稳定。

推迟手术

在这种情况下,想要摆脱通胀可谓难上加难。尽管人们不愿忍受通胀带来的种种恶果,但也担心抑制通胀的后果,政治领导人同样如此。就像身患多种疾病的病人一样,正在经历通胀的决策者们可能会选择推迟根治疾病的手术：他们宁愿在短期内忍受不作为的后果，也不愿承受可能更痛苦的术后恢复，因为作为国家领导人可能会受到指责。

直到后疫情时代通胀加速上升，央行界还普遍认为这些难题只存在于图书馆书架上布满灰尘的教科书里，而不是在我们身边。主流观点很简单：只要有正确的机构和政策，通胀就没有理由持续。的确，通胀有时会暂时偏离目标，比如全球金融危机前石油价格的上涨；但只要政策制定者的决策可信且透明，暂时的偏离就不会恶化。家庭、公司和金融市场的参与者都明白，在通胀可能失控的局势下，可靠的央行会提高政策利率，从而控制第二轮工资 – 价格螺旋上涨。总体而言，加息的预期本身就足以平息通胀的担忧，让值得信任的央行能够略微调整官方利率。[1]

曲线和理性

这一框架可以追溯到20世纪六七十年代有关通胀的讨论。那段时间，政策制定者认为他们找到了经济学界的圣杯。许多经济学教科书推崇的菲利普斯曲线似乎表明，失业和通胀之间存在一种可利用的权衡：减少失业就能换来更高的通胀（反之亦然）。[2]与此同时，凯恩斯主义共识认为，财政政策是唯一有效的需求管理手段（在布雷顿森林体系之下，货币政策通常扮演辅助稳定汇率角色，只有在外汇储备不足时，利率政策才会暂时占据主导地位）。[3]

然而，从政策层面来说，菲利普斯曲线存在明显的问题。菲利普斯曲线认为人们会被"愚弄"而接受高通胀——从而导致更低的"实际"薪酬——以换取更低的失业率。然而，如果通胀率长期保持高位，这种新状态很快就会反映到人们的预期中。工人们开始要求"加上预期通胀率"的工资上涨。经过多年的重复，任何试图通过宏观经济政策刺激将失业率维持在所谓"自然"水平以下的尝试，都只会加速通胀，无法长期降低失业率。从这个角度来看，长期的菲利普斯曲线是垂直的：所谓的"权衡"不过是统计数据的幻觉。

20世纪60年代后期，米尔顿·弗里德曼[4]和埃德蒙·费尔普斯[5]得出了相同的结论，与其说他们找到了衡量人们预期的方法，不如说拥抱了大卫·李嘉图的先验精神，正如第二章中描述的金银本位主义争论那样。他们认为政策制定者的主张是愚蠢的事前行为。为什么有人会忽略通胀升高而真实工资下降的可能性呢？在这种情况下，只要有机会，工资和价格都会上涨。这一观点似乎比传统的凯恩斯主义更好地解释了20世纪70年代的经济灾难，凯恩斯主义通过实行各种形式的收入政策来限制通胀，但推动这一过程的显然是社会中不同的权力中心，如公司和工会，而非不当的货币政策。

这又催生了由罗伯特·卢卡斯和托马斯·萨金特领导的"理性预期"革命。他们认为，如果人们的行为正如弗里德曼和费尔普斯所描述的那样，那么世界就会以"前瞻性"的方式运作：今天发生的事情取决于人们认为明天会发生什么。如果每个人对于经济如何运行的看法都一致，那么政策制定者所能实现的目标将受到严重限制：尤其是当公众认为政策制定者将采取一项不可持续的政策时，他们会立刻调整预期，导致这项政策真的变得不可持续。对于宏观经济学家来说，可能得出两个结论：第一，悲观的结论是，接受政策没有显著效果，让经济处于"随机漫步"的状态；第二，乐观的结论是，从随意的决策变成深思熟虑的政策规则，可能会带来显著的好处。

萨金特的大通胀

1982年，萨金特又迈出了重要的一步。由于对根除通胀所需成本的预测感到失望，他通过研究历史案例指出，如果有可靠且充分被人理解的机构安排改革，就有可能以更低的代价实现低通胀率。在《四次大通胀的终结》[6]中，萨金特发起了挑战：

一种替代的"理性预期"观点否认当前的通胀过程存在任何

内在动力……人们之所以预期未来会有高通胀率,正是因为政府当前和预期的货币与财政政策证明了这些预期是合理的……实际上,是政府长期持续大幅赤字和高速创造货币的政策赋予了通胀率动力。

萨金特的关注焦点是20世纪20年代欧洲的四次大通胀:第四章描述的魏玛共和国创伤,以及奥地利、匈牙利和波兰的通胀经历。他基于对每个国家详细的量化评估,提出了一些关键论述。

第一,在这四个案例中,过度通胀与严重而持久的预算赤字有关。让我们回到第三章中的伯顿-泰勒关系。

第二,由于深思熟虑且严厉的财政和货币措施,通胀很快就结束了。

第三,鉴于这些"措施",国内和外汇市场的价格立刻实现稳定。

这些"魔法"措施是什么?一是建立独立的央行,有法定权力拒绝政府进行额外无抵押借贷的要求(也就是说无法通过印钞进行赤字融资)。二是让政府财政走上可持续的道路,任何借债最终都可以通过未来的税收收入资助。实际上,萨金特意识到了伯顿和泰勒的问题,赞成通过一系列规则和禁止性规定来定义财政和货币政策的关系,认为这样就能以相对无痛的方式抗击通胀。

有人喜欢通胀……

然而,这一论点的主要问题在于,与直觉相反,认为击败恶性通胀可能比击败温和通胀更容易。尽管像胡戈·迪特尔·施廷内斯这样的人会从中受益,但恶性通胀最终会摧毁社会,正常的经济生活根本无法进行。任何政府只要提供可靠的替代方案,尤其是在国际社会的支持下(无论是过去的超级权力机构还是现代的国际货币基金组织等机构),就会得到大部分民众的支持——毕竟,很少有人会热衷于维持超级通胀的现状。[7]然而,温和的通胀率面临着超市类比的问题:太多人受益于温和的通胀,因此一旦停止,很多人担心自己会失去既得利益。

但许多人不喜欢消除通胀的代价

萨金特认为,"这四个事件就好像实验室进行的实验,可以让我们最直观地观察引起和遏制通胀的基本要素"。他继续补充道,"这些事件中有很多教训",对于20世纪80年代初期美国面临的"不那么严重"的通胀,有很大的借鉴意义。

正确的回答是,"是的,但是……"。事实证明,20世纪80

年代初消除通胀远比想象中痛苦，这表明"理性预期"并不像人们吹捧得那般美好。主要问题是担心政策转变、政策逆转和缺乏政治可信度。20 世纪 80 年代初，美国的两次通胀降低都与衰退有关。美联储负责抑制通胀的主席保罗·沃尔克不得不与难以对付的联邦公开市场委员会打交道。该委员会负责设定美国利率。货币紧缩与萨金特倡导的财政保守主义并不一致，而与里根时代的大规模财政扩张相吻合，这一组合导致了极高的"实际"利率。这反过来又引发了外汇市场上美元汇率强劲而持续的上涨，让其他国家面临货币危机。受打击最严重的是巴西等拉美经济体，正如我们所见，这些经济体经历了恶性通胀、货币崩溃并最终违约。实际上，愤世嫉俗者可能会认为美国的反通胀政策不仅通过国内渠道起作用，更重要的是通过其他的经济崩溃起作用：毕竟，其他国家的疲软导致了全球价格下降，从而降低了美国进口商品和服务的价格。

英国也遭遇了类似的困境，尽管影响范围相对有限。1979 年 5 月玛格丽特·撒切尔赢得大选后，失业率持续飙升。1980 年秋，200 万人失业，这促使保守党内部要求政策转向的呼声日益高涨。1980 年 10 月，撒切尔夫人在保守党大会上做出回应，后来在党内传为佳话：

对于那些屏息等待媒体最爱用的"政策急转弯"一词的人，我只想说："你们想怎么转就怎么转吧，这位女士是不会转弯的！"

无论她是否直接受到理性预期革命的启发，她的这些言论无疑与革命的主张一致。试行一项政策一两年后便放弃是不明智的。必须让民众相信政府在任何情况下都会坚持一贯的政策。然而，政治说服需要花时间，而时间又会消耗大量的政治资本。暴动和选票最终都可能成为绊脚石。

在英国的案例中，另一因素导致了在降低通胀的过程中成本分配的高度不平等。高利率加上北海石油给英镑带来了巨大的上行压力，[8]由此导致的英国制造业竞争力的崩溃，使大量区域出现了集中的"空心化"：伦敦人受的影响相对较小，但中部地区的大片工业遭到了摧毁。由于这种不平等的结果，多年来，撒切尔夫人的政策都遭到反对。而正是因为持续的反对，调整的成本超出了萨金特等人的预期。

随着20世纪80年代向90年代过渡，良药虽然苦口，但似乎正在发挥作用。最明显的是所谓的"劳森繁荣"，其间英国的通胀重新加剧，利率飙升。然而，全球范围内的通胀逐渐趋缓，由于价格持续稳定的预期，利率开始下跌，政治上的争论也已胜利解决：越来越多的央行获得了独立性，通胀目标制（早期货币供应和汇率目标试验被放弃后的"终局"名义框架）被普遍采用，政府通常会出台谨慎的财政计划。曾经被视为右翼自由市场崇拜的政策已经成为司空见惯的智慧。原因显而易见：最严重的经济威胁显然已经被消除了。

工资和价格控制：曲折历史

与此同时，早期的"抑制通胀"政策显然已经被扔进了"历史上的坏主意"垃圾桶。首当其冲的是工资和价格控制。正如20世纪70年代哈罗德·威尔逊发现的那样，它们不总是非常有效，但会时不时地出现。政府不愿意为通胀上升的压力负责，人们也不了解通胀的来源，但大范围的通胀无疑是非常不公平的。

我们在第二章首次了解到罗马历代君主的过度通胀问题。其中一位统治者戴克里先，是历史记录中最早进行价格管制的人。[9]公元301年，他发布了《关于最高价格的法令》，规定了至少900种商品（包括雄狮）的最高价格，还有各种货运的最高费率和大约130种不同的劳动力类别的最高费率。过去三个世纪之所以会发生过度通胀，部分原因是罗马帝国在多条战线上连续征战，军费越来越高，因此必须找到一种资助战争的方式。让货币贬值是最简单的答案。然而，戴克里先和他的顾问得出结论，价格持续上涨与货币贬值的关系不大，而更多与贪婪的投机者有关。

我们裁定，如果有人胆敢违反本法令的规定，他将受到死刑惩罚。虽然这是一项苛刻的法令，但遵守克制就能免受惩罚。那些渴望购买而与卖家勾结，违反了法令的人也将面临死刑惩罚……而那些（通过囤货）造成匮乏的人，将受到更严重的惩罚。[10]

虽然大多数人认为死刑是比利率上升更为严厉的制裁手段，但实际上这项政策并未达到预期效果。即使农民面临着死刑的威胁（如果法令真的被执行，则可能意味着比死亡更可怕的命运），他们依然不愿意低于市场价格出售自己的产品。由此造成了短缺，引发了食品暴乱。有时，农民甚至被迫成为农奴。受"工资上限"约束的职业自然变得越来越不受欢迎。由于劳动力短缺，政府迫使工人的子女继承父母的职业来填补劳动力缺口——这相当于在维多利亚时代创造了一个水蛭收集者或清道夫的世袭制。[11] 没有出路的悲惨工作只会徒增苦难。

直到公元306年君士坦丁登基，这项法令才被废除。随着苏勒德斯金币的引入，君士坦丁实施了一项货币改革，类似于17个世纪之后巴西在通胀中常采取的措施。当然，单靠货币改革并不能保证价格稳定；但当最高价格政策（或价格和工资上限）干扰市场运作，导致价格信号无法有效调节短缺或过剩时，货币改革是水到渠成的选择。

尼克松的赌局

最近的价格管制案例可以追溯到1971年尼克松总统执政时期。当时，美元面临着巨大的贬值压力，以及不断上涨的通胀压力，尼克松决定暂停美元与黄金的兑换（这一举动实际上终结了布雷顿森林体系下固定但可调节的汇率制度），并征收10%的进口附加税，以保护美国制造商免受外国竞争的影响。为了应对这两项行动可能带来的通胀后果，尼克松签署了11615号行政命令，实施了为期90天的工资和价格冻结，但这仅仅是工资和价格控制的开始。第二阶段于1973年1月结束，要求任何工资和价格的增长都必须符合生活成本委员会制定的指导方针（该委员会由年轻且雄心勃勃的唐纳德·拉姆斯菲尔德领导），并由工资和价格委员会进行管理。大公司如果想提高工资或价格，必须先获得批准，而小型企业必须报告超过指导方针的工资涨幅。这一制度实际上导致了官僚主义的混乱局面。

第三阶段伴随着工资和价格控制的放松。然而，潜伏的通胀压力再度出现，迫使尼克松政府在1973年6月实施了更为严格的控制措施，这也标志着从第三阶段过渡到了第四阶段。但到了那时，由于官僚主义效率低下，自由市场套利，加上非常宽松的货币政策，控制措施基本上已经失效。的确，正如明尼阿波利斯联邦储备银行在4年之后总结的那样："工资和价格管制完全不能缓解通胀。"[12]更糟糕的是：

价格曾一度低于第一、第二阶段未受控制时的水平，但好景不长，工资上涨的势头并未得到有效控制。真实工资的涨幅超出了合理范围，同时失业率和产量均呈现下降趋势。随着第二阶段

第五章 对抗通胀，哪些有效，哪些注定失败？ 119

结束，价格开始迅速反弹。由于控制对工资的影响微乎其微，价格上涨导致了真实工资的降低，企业随之雇用了更多的工人并增加了生产。

换句话说，这些控制措施不可能对生产产生长久的影响，但却增加了短期内的波动，最终通胀水平超过了应有的水平。因此，工资和价格控制无法带来持久的经济成功。

尽管尼克松冲击最终是一场经济上的失败，但有些人认为通胀是由于世界上某个地方发生的恶性事件（符合尼克松的保护主义本能），或是贪婪的公司和工会活动引起的（取决于个人的政治观点），他的政策对这类人来说很有吸引力。正如几年后哈罗德·威尔逊在英国的经历一样，政治上有吸引力的选择战胜了合理的经济选择。

对价格管制的需求重新出现

新冠疫情发生后，通胀迅速攀升，各方再次呼吁实施价格管制。最主要的理由是俄乌冲突后俄罗斯受到了制裁，普京进行反击，减少了向欧盟输送管道天然气。从2021年初到2022年末，天然气的批发价格上涨了10倍，导致通胀率达到了20世纪70

年代和 80 年代以来的最高水平。另一个理由是，提高利率以应对由供应冲击而非货币因素引起的价格上涨并无实际意义。这与中央银行家的说法相符，即通胀上升是"暂时的"，与货币政策无关。[13]

马萨诸塞大学阿默斯特分校的伊莎贝拉·韦伯和罗斯福研究所的托德·塔克支持价格管制。[14] 韦伯的论点基于这样一种观点，即公司正在利用供应短缺提高价格，从而增加利润，这与二战结束时的情况相似。她认为："政府可以针对推动通胀的特定价格采取措施，而不是采取可能引发经济衰退的紧缩政策。"塔克也主张针对新冠疫情对供应链造成临时短缺问题而实行"选择性价格管制"的产品。他认为，在寡头垄断和垄断的市场环境下，即大多数企业是价格制定者而不是价格接受者时，政府有责任介入，为消费者提供更公平的结果。特别是在战争或封锁等限制解除后，可能会出现各种供应中断，贪婪的公司可能会趁机抬高价格，此时政府的干预尤为重要。

表面上看，这些主张都很有道理。毕竟，疫情结束后出现了无数的供应短缺。但更进一步看，数据与政策主张并不完全一致。第一，在 2000 年前后，企业利润在美国国内生产总值中的占比呈上升趋势，但此后通胀率有所回落；显然，定价权并非利润增长的唯一因素。第二，即使在疫情发生后利润大幅上升，但美国工业中利润最高的领域恰恰是那些价格涨幅最小的领域，而非涨幅最大的领域。第三，如果价格涨幅最高的是家具、汽车、货车租赁、酒店和汽车旅馆等领域，对通胀进行"精准"或"选择性"控制并非易事。的确，在 2021 年和 2022 年，随着通胀在美国蔓延，越来越无法实现所谓的"精准"控制，原因很简单，政府最后几乎需要控制所有领域。[15]

　　这并不意味着价格管制从未发挥过作用。正如休·罗科夫在《激进的措施：美国工资和价格管制史》一书中指出的，控制有时能缓解各项限制性宏观政策所带来的痛苦。然而，重要的是"没有货币约束，控制就会失败"。事实上，这也是朝鲜战争期间控制措施有效，而越南战争期间控制措施无效的原因之一（在朝鲜战争期间，美联储有权实施紧缩的货币政策，而在越南战争期间，出于某种原因，美联储选择不实施货币紧缩政策）。此外，"实行全面控制的效果最佳。如果不控制关键领域的价格，需求就会转向这些领域，导致价格大幅上涨并扭曲生产"。这表明，选择性的价格管制成功的概率极低。总的来说，虽然"现代国家在面临总需求巨大扩张的情况下有权控制价格……但这只有在严格管理经济生活的情况下才能实现"。这种结果在战时条件下或许可以接受，但在其他大多数情况下则不然，20 世纪 70 年代中期，哈罗德·威尔逊政府在付出巨大代价后领悟了这个道理。[16]

控制能源价格

至于能源价格,"精准"控制虽然在政治上颇具吸引力,甚至可以说是必要的,但从经济的角度来看未必如此。例如,早在俄乌冲突发生之前,天然气价格就持续上涨,部分原因是中国希望用清洁的天然气来取代煤炭发电,因此对天然气的需求迅速上升。实际上,与其说价格上涨是由于俄罗斯天然气供应的问题,不如说是中国的需求上升。[17]

限制能源价格上涨对通胀影响的第一个方式是,对能源公司实施价格上限,让它们无法把批发价格上涨转嫁给消费者,但这会增加破产,正如英国国内能源供应商在2021年末所经历的那样。第二个方式是,对能源价格上涨中获益最多的人征收暴利税。但这同样会让能源公司陷入困境。然而,降低它们的税后利润也许会抑制未来对非俄罗斯和非天然气能源的投资。第三个方式是通过政府借贷,加大资助力度,从而拉开国内和企业客户支付的天然气价格与天然气批发价的差价。

第三个方式与新冠疫情发生后推行的休假和商业支持计划类似,两者都旨在防止个人和家庭陷入严重的财务困境甚至破产。然而,随着病毒变异和现代疫苗技术的进展,疫情终将结束。但能源价格的飙升却可能持续很长时间:1973年,石油价格翻了两番,到1979年又翻了一番,直到20世纪80年代中期,价格才回落。长达 10 多年的能源价格补贴对公共财政造成了灾难性影响，降低了实现通胀长期下降的概率。实际上，高能源价格的影响只能转嫁给未来的纳税人。但前提是持续的政府财政巨额赤字能够得到资助：正如我们所看到的，在 20 世纪 70 年代中期，英国曾尝试支持增长，结果却是英镑崩溃，由此导致国际货币基金组织的介入。与此同时，随着政府债务失控，控制通胀的希望越来越渺茫。我们再次回到了伯顿－泰勒问题。

另一个重大挑战是：如果天然气涨价反映了天然气短缺，持续战争的影响意味着短期内增加天然气供应的可能性不大，那么一国的天然气补贴实际上就是针对其他国家的保护主义行为。在短期内，这个国家的公民就会比其他国家的公民更受惠于较低的天然气价格，因此该国经济在短期内遭受的损失可能小于其他国家（当然，前提是能够轻松获得补贴）。然而，如果所有国家都这么做，对天然气的需求不会从根本上改变：家庭和企业将继续照常运转。但之后却难以维持，因为补贴并不能增加天然气供应量。[18] 唯一的后果是天然气的批发价格进一步大幅上涨，天然气不良供应商从中获益，迫使天然气进口国的政府提高补贴。最终，要增加供应以满足更高的需求，可能意味着从依赖俄罗斯的天然气转向依赖卡塔尔的供应，需要建设新管道或大幅扩建液化天然气的运输和储存设施，这些都不是一蹴而就的。否则，只能降低需求来适应较低的供应量。从长期来看，能源价格补贴可能会产生极其糟糕的结果，削弱公共财政，导致伯顿－泰勒问题重现：除非央行愿意用强硬的货币手段来补偿财政宽松（德意志联邦银行在20世纪80年代做得很好），否则就会面临通胀长期持续的风险。换言之，今天的低通胀意味着未来的高通胀。

萨金特的主要问题

在解释了为什么价格上限和其他形式的"控制"不太可能成功解决通胀问题后，我们回到关于预期的讨论。从某种程度来说，托马斯·萨金特关于恶性通胀创伤的观点成了制定货币政策时的通用智慧：强调央行独立性、财政审慎、避免过度承诺减税或增加支出。当一国面临通胀问题时，赋予独立央行法律权威是解决问题的关键。[19]而当一个国家面临"财政膨胀"的困扰时，制定财政规则在中期内引导"良好行为"。这正是自20世纪90年代以来，大多数发达国家以及越来越多新兴国家的实际做法。

多年来，结果令人印象深刻。然而，萨金特没有解决的是，如果通胀卷土重来，应该采取什么措施。毕竟，央行不可能两次独立（除非在此期间失去了独立性）。然而，在2021年，随着通胀持续上升，显然出现了问题。萨金特对央行独立的支持是错误的吗？或者说，如果无法确保长久的价格稳定，那么央行有必要独立吗？如果没有必要，什么能保证通胀回到目标水平呢？

预期应有的作用

中央银行家通常辩称，只要通胀预期保持稳定，通胀就不太可能成为持久性的问题。不难理解为什么会得出这样的结论。毕竟，弗里德曼和费尔普斯批判菲利普斯曲线时都把预期作为批判的中心论点，而卢卡斯和萨金特则认为正确的制度框架有助于锚定将来的通胀预期。此后，衡量通胀预期的指标层出不穷，从与指数挂钩（通胀保护）的债券市场，到对企业、消费者和金融分析师的调查，尤其是许多职业经济学家提出的正式预测。理论上，这些衡量方法都可以用来评估货币政策是否处于正确的轨道上。

然而，在实践中，有些政策可能并未发挥应有的作用。以大多数预测经济学家采用的标准方法为例，一旦得知央行的通胀目标和实现目标的时间范围，他们就很可能会"预测"出一个接近这一目标的通胀率。这更像是一种假设而非真正的预测（虽然在形式上看似是预测，但往往是基于信念，而非对现有数据的严谨分析）。影响通胀的因素众多，但预测经济学家常常视而不见。公平地说，在价格稳定的时期，这种策略确实非常有效，但过去的成功并不能保证未来的成功。尽管2021年的通胀动态变化是几十年来前所未有的，但未来两年的预测几乎没有变化：他们似乎更愿意简单地假设过去是未来的最佳指南，而不考虑新出现的通胀威胁。这实际上重演了20世纪60年代末遇到的问题。当时，即使实际通胀已经持续上升，一个初级经济预测团体仍坚持认为美国通胀会"回归均值"。

通常情况下，即使了解人们的通胀预期，也无法预知这些预期将如何变化。迄今为止，还没有人提出合理的理论来解释宏观经济层面的预期是如何形成的。尽管预期从概念上来说十分重要，但在衡量通胀的最终走向时，它的作用却十分有限。[20] 此外，典型的经济模型中的预期很奇怪——它们与经济现实相悖，有时甚至完全脱离实际——这表明经济学界尚未完全掌握这一至关重要的主题。[21]

经验法则和曼联足球俱乐部

的确，不同于经济人假设，我们大多数人的预测并不准确，更像是经验法则，而不是对未来深思熟虑的思考。当通胀率低的时候，我们并不担心，因为那时通胀并不会扭曲我们对经济现实的理解。然而，随着通胀的上升，当对通胀的误解真切地影响了我们的生活时，我们就会感到担忧。在通胀持续走低时，我们会乐观地认为央行已经解决了通胀问题。然而，当通胀卷土重来时，我们的看法又会随之改变。

毕竟，我们在生活中的其他方面也是如此行事的，从1992/1993赛季到2012/2013赛季，曼联在英格兰足球超级联赛中13

次夺冠，因此大多数评论员都认为曼联将继续保持优势。然而，在接下来的10年，曼联似乎在英超中迷失了方向。竞争对手不再认为曼联的主场老特拉福德球场是攻不破的堡垒，对手的支持者也不再惧怕曼联。关于曼联的衰落，有很多解释：几经易主、管理问题、政策变化。然而，没人认识到，曼联的失利是因为球员和球迷开始预期失败，而不是胜利。

经验法则（或者更专业的术语——启发法）是非常普遍的方法。大多数时候，这是理解世界的一种简单高效的方式。然而，这也是潜在不确定性的来源。如果我们偶尔会修改经验法则，我们什么时候会这样做？为什么？正如时任英格兰银行行长默文·金在2005年解释的那样，央行非常希望公众继续使用"预期通胀率与目标一致"的经验法则。然而，如果经验法则变为"央行在胡扯，没有能力也没有意愿实现通胀目标，实际通胀可能会迅速上升"，那么央行就会面临诸多麻烦。

当经验法则改变

改变人们的经验法则需要大费周章。首先我们并不知道法则是如何形成的，所以央行必须寻找人们对未来想法的预警信号。但通胀预期不是正确的切入点。只有世界观变化引起经验法则变化时，预期才会随之改变。例如，曼联在与实力较弱的球队比赛时多次输掉比赛，加上股东和管理团队的变更，人们对该球队获得超级联赛冠军的预期就改变了。就央行而言，2021年以后通胀意外大幅上升，央行并没有立即采取大刀阔斧的改革措施来缓解价格压力，人们对于央行保障长期价格稳定的经验法则的看法也随之改变。

这引发了一个关键问题。如果公众逐渐产生怀疑，而央行未能及时察觉这种态度的转变，认为公众还是高度信任以往的货币政策，继续沿用已经过时的经验法则，在通胀上升时采取过于保守的货币紧缩措施；更糟糕的是，如果央行无法找到通胀上升的有力理由，只是将其视为过渡性、暂时性、疫情引发或能源价格冲击的反映，而忽视了公众态度的变化，也没有解决新的通胀环境，那么央行将面临更大的困境。新的经验法则可能会变成"这些中央银行家不知道自己在干什么"，就像曼联球迷在老特拉福德球场上高喊的那样："如果你恨格雷泽家族，站起来！"[22]

对抗通胀：结论

"政策规则"的框架至关重要。只有当公众了解央行在不同情况下将采取什么措施时，货币政策才能更有效。此外，公众必须明白，货币政策框架不太可能被财政过度控制；人们也知道货币政策与财政政策之间存在着类似伯顿和泰勒的关系，如果政策制定者采取完全相反的方向，显然是不可行的。

货币当局必须控制财政当局；至少，货币政策必须主导财政政策。萨金特的恶性通胀之所以结束，正是由于对预算赤字的货币融资结束了。如果情况颠倒，尤其是坚持量化宽松政策，都有可能破坏这条简单的规则。

工资和价格控制在历史上以及宏观经济政策中有其作用，但这种作用非常有限，一定程度上是因为会限制和平时期享有的自由，这是大家所不能接受的。更重要的是，控制（如果有用）只能通过支持已经紧缩的货币政策来发挥作用，并不能代替央行采取的行动。

从理论上来说，预期的确重要，但人们对于预期形成的机制了解甚少。大多数人依赖经济的经验法则来生活，只是偶尔进行调整。然而，关键是一旦这些经验法则发生变化，将彻底颠覆公众对货币当局的看法。如果货币当局未能察觉公众经验法则的变化，那么实现通胀目标的概率将大大降低。换句话说，那些对自己抗击通胀宣传过于自信的央行，往往是最不称职的。

在了解这些之后，我们应该如何理解新冠疫情发生后通胀的再度上升？通胀的根源是什么？我们该如何应对通胀？接下来，我们将审视政策制定者在这个过程中的得与失。实际上，反通胀的宣传极具吸引力。

第六章

○

四项通胀测试

通胀风暴和暴风雨——20 世纪 70 年代的教训——通胀目标的问题——泰勒规则的"回顾"——斯文松规则的"时光机"——央行为什么需要"四项测试"

通胀风暴

有一种观点认为，近年来西方国家只是连续遭遇了多个不幸事件。2021年，通胀重新抬头反映了多重外部冲击，超出任何国家或单一央行的控制范围。新冠疫情导致供应链暂时中断，而俄罗斯控制着欧洲的天然气供应，因此在俄乌冲突发生后，能源价格大幅攀升。2022年新冠疫情期间的防控，削弱了全球供应链。总而言之，通胀卷土重来不过是多个不幸事件叠加的结果，这意味着通胀来得快也去得快。

通胀也许会很快消失，毕竟有过先例。二战之后不久，美国取消了价格管制，导致通胀大幅飙升，但持续时间不长。1946年，平均通胀率高达18.1%。1947年，平均通胀率仍高达8.8%。然而1949年，价格开始下跌。

但是这些都是特殊情况。战时配给制使价格低于"自由市场"的水平,特别是战争时期通常会实施货币和财政刺激政策。经历了战争之后,人们需要花钱,但配给制限制了消费。随着战争结束,配给制不再有存在的必要,而且坦率地说,配给制也不再可取。毕竟,配给制助长了黑市和系统性腐败。取消配给制仅仅意味着价格得以回升至原本应有的水平。[1]

另一次短暂的通胀风暴发生在1950—1953年的朝鲜战争期间:1950年和1951年,美国的通胀率都在6%左右,但随着冲突陷入僵局并最终在1953年停战,通胀迅速平息。其他国家也经历了通胀。战争结束为价格稳定期铺平了道路。

风暴可能演变成暴风雨

诚然,在价格稳定为常态的世界中,我们很容易认为通胀是由战争等突发事件引起的。然而,如果考虑自20世纪30年代金本位制崩溃以来货币整体贬值的情况,这一观点是不对的。毕竟,在20世纪60年代末和70年代初,这种思维曾让世界陷入通胀的困境。英国当时的财政大臣安东尼·巴伯对20世纪70年代初通胀上升的原因是这么解释的:

> 在很大程度上……国外进口商品的成本和价格导致了通胀，而我们无法控制这些因素。[2]

他的声明发表于 1974 年 2 月，正值全球石油价格飙升 4 倍后不久。当时，阿拉伯国家宣布对赎罪日战争期间支持以色列的国家实施石油禁运。因此，比起承认英国国内出现问题，把通胀归咎于阿拉伯石油禁运更容易。

次月，在政府换届之后，观点自然也随之改变。工党新上任的财政大臣丹尼斯·希利指出：

> 1973 年，货币和信贷迅猛增长……过去一年中，广义货币供应量上涨了 27%。公共部门的借款需求高达 40 多亿英镑，极大地推动了货币扩张。[3]

他补充道：

> 如果财政和货币政策背道而驰，价格管制和补贴即使与最完美的收入政策结合，也无法取得抗击通胀战争的胜利。[4]

实际上，希利承认，尽管油价上涨 4 倍是英国通胀加剧的原因之一，但并非唯一的原因。而且，与他的前任不同，他不愿意掩耳盗铃，认为通胀会以某种方式"自我纠正"。巴伯曾在 1974

年2月指出："目前，油价涨幅惊人，将推高美国的价格，最终抑制消费需求。"[5] 巴伯的言下之意是，高昂的油价最终会减缓经济增速。他期待这样的经济状况能够自动降低通胀，但事实并非如此。

　　巴伯的政治本能是将通胀归咎于一系列不幸事件。然而，正如我在本书中所阐述的，通胀不能单纯被视为一个由事件驱动的随机过程。有时，通胀的冲击会迅速消退。但有时，通胀的冲击可能会引发持续的工资-价格螺旋，或者加剧已经存在的通胀。这些冲击确实值得深入研究，但通胀并非整个事件的全部。例如，图6-1显示了自20世纪70年代初以来油价的走势，并与美国的通胀率进行比较。虽然发生过多次油价"冲击"，但只有几次引发了通胀危机，包括20世纪70年代和撰写本书时的情况。

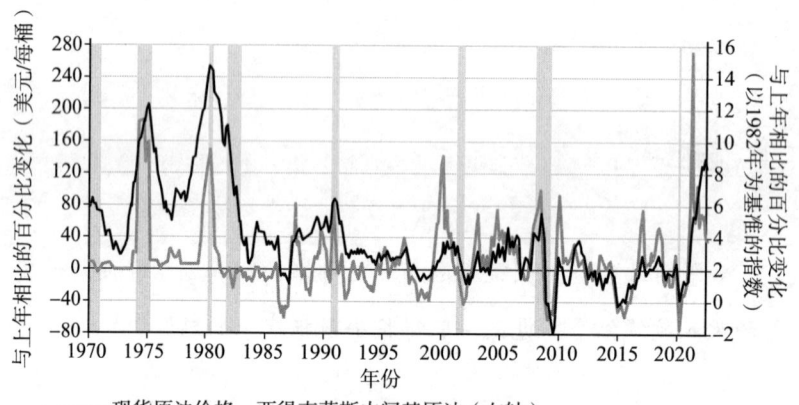

图6-1　对于通胀，一些油价冲击比其他冲击更令人震惊

注：图中阴影区域表示美国经济衰退。
资料来源：圣路易斯联邦储备银行，美国劳工统计局。

通胀目标的根本问题

另一种方法是在更宏观的背景下考虑通胀压力的持续情况，综合考虑制度、思想和政治经济目标等因素。正如我之前提到的，20世纪70年代的答案相对简单："锚定"通胀的制度安排瓦解了；美元不可以再兑换成黄金，导致美元持续贬值；固定但可调整的布雷顿森林体系几乎一夜之间消失；从广泛意义上讲，人们未能认识到货币在助长通胀中的作用。

近年来，通胀"失控"的其他原因浮出水面。从20世纪80年代末通胀目标制的时代开始，这一概念就面临着挑战，可能会成为政策制定者在实际操作中面对的棘手问题。当前的货币决策对通胀结果的影响，往往要等到未来某个时刻才能显现。1997年，英格兰银行独立运行后，迅速总结出典型的"滞后"期约为两年，这似乎与早期货币主义者的观点相悖，他们认为滞后期始终是"长期而不确定的"。

然而，这意味着即使未来充满不确定性，决策者仍需要根据对未来的"预测"来证明当前的政策决定是合理的。他们陷入这种境地并非因为满足于现状（他们怎么可能满足于现状呢），显然是因为他们别无选择。在早些年，货币政策是通过可控的"中介目标"来实施的，这些中介目标被用来预测价格稳定的"最终目标"。然而，中介目标大多未能完成自己的使命，用音乐术语来说就是，它们严重"跑调"了。这些中介目标主要包括狭义和广义的货币总量（在此感谢米尔顿·弗里德曼等人）以及汇率。需要控制中介目标反映了两个问题：首先，它们有时会表现异常；[6] 其次，它们与通胀之间的关系并不稳定。[7]

实际上，转向通胀目标制减弱了各种"中间人"的重要性。随着时间的推移，货币政策的传导机制（包括政策利率变化传导至整个经济的各种途径）被视为理所当然。显然，唯一重要的是政策变化对人们预期的影响。

由于存在滞后效应，如何在任何时刻衡量正确的货币立场？有两种方法：一种简单直接，但前瞻性不足；另一种具有高度前瞻性，但需要使用"时光机"。

泰勒规则：用后视镜选择政策

约翰·泰勒于1993年首次提出了这种简单的方法，后来被称为"泰勒规则"。[8] 与其说这一规则描述的是美联储应该采取什么行动，不如说是美联储已经采取的行动，因此泰勒规则最初是一种描述性工具，用于梳理美联储的决策过程。泰勒规则相当简单：每当通胀率相对于美联储的（假定）2%的目标增加1个百分点时，美联储就会将其政策利率提高0.5个百分点；每当产出相对于其潜力增加 1 个百分点时，美联储也会将其政策利率提高 0.5 个百分点（产出潜力本身是经济学中最模糊的概念之一）。这一规则既包含回顾性的通胀元素（最近公布的通胀率，总是存在延迟），也涉及理论上的前瞻性元素，即经济运行超过潜在产出的程度。后者可以被视为未来潜在通胀压力的指标。然而，实际上，"产出缺口"的衡量标准在随后的几年中可能会经历大幅调整，因此它的前瞻性不如人们期望的那样理想。[9]

分析师常用泰勒规则来推测美联储下一步可能采取的行动。[10]他们根据当前的通胀率和对需求相对于供应的粗略评估，来"猜测"政策利率可能的走向。然而，随着时间的流逝，由于产出缺口的实时估计与未来通胀之间的关联变弱，这一规则的效用在下降：简而言之，无论需求过于强劲还是疲弱，通胀几乎没有变化。一些政策制定者认为，这种变化的关系表明，央行目前的可信度高于以往任何时候。经济周期似乎不再影响通胀的结果，这意味着通胀不再受需求变化的影响，进入了价格稳定的阶段。而另一些人担心，如果通胀不受需求变化的影响，那么遏制通胀的难度将加大，在通胀突然上升时尤其如此。[11]

类似的悲观论断也出现过。美国经济学家詹姆斯·斯托克和马克·沃森在 2002 年发表的论文中，开创性地提出了"大稳健"这一术语：

> 如果通胀缓解在一定程度上是由于政策改进，那么只要维持

第六章 四项通胀测试 139

政策框架，就可以预期（产出和通胀的波动性）将继续缓解。然而，大多数（通胀）下降似乎是由于较小的经济波动带来的好运，所以我们得出一个令人不安的结论：过去15年的平静很可能只是一个间歇期，未来还会回归到更剧烈的波动期。[12]

更直白地说，一些人担心泰勒规则的作用正在减弱，原因很简单：这一规则似乎表明货币政策主要根据过去的通胀偏离进行调整。这个结论令人不安，因为暗示着那些负责"驾驭"经济的人只是依靠过去的经验来行事，就像开车时只看后视镜。然而，没有人在开车时只看后视镜，那么政策制定者为什么要这么做呢？

"前瞻性规则"：拥有"时光机"才有效

这引出了拉尔斯·斯文松等人提出的更复杂的"前瞻性方法"，通常称为"预测目标"。[13]斯文松本人对这种方法的总结如下：

（1）对于给定的政策利率路径（例如，事先决定的政策利率路径），考虑之前收到的新信息，构建新的通胀和失业预测。
（2）如果新的通胀和失业预测"看起来不错"（即它们符合预期目标），那么就选择当前给定的政策利率路径作为决策；如果新的通胀和失业预测不乐观，那么就需要调整政策利率路径，使之达到理想的预测状态。

（3）公布政策利率路径、通胀和失业预测，并充分解释这些决定的合理性，以确保公布的路径和预测具有可信度。这意味着要使市场参与者和其他经济主体的预期与公布的路径和预测保持一致。在决策的正当性方面，可能还需公布不同于所选政策利率路径的替代政策利率路径的通胀和失业预测，并说明这些预测为什么在相同程度上未能满足政策目标。[14]

尽管各国央行普遍采用这种方法，但稍加思索就会发现其明显的缺点。驾驭经济不像开车。在开车时，驾驶员通过挡风玻璃即时获取前方的准确信息，从而根据旅途中遇到的挑战调整转向和车速。斯文松的方法相当于在今天就决定明天的关键策略，根据预测而不是实际的障碍来行动。对大多数人来说，除非有一台方便的"时光机"，否则宁愿避免参与这样的旅程。

客观地说，斯文松的方法确实包含"反馈"回路，但难以区分通胀上升到底是暂时的还是永久的。在现实中，很难看出两者的区别。如果利率变化和通胀之间的滞后期为两年，那么未来一两个月内的反馈价值有限，除非这种反馈能预示未来至少两年世界的显著变化。中央银行家常常强调稳定的预期会提供安全感，但正如我在第五章中所述，通胀预期本身的变化也是滞后的。换句话说，在低通胀率向高通胀率（或反之）过渡的时期，依赖"反馈"帮助不大。因为反馈来得太晚，就像等到发生正面碰撞才意识到早点采取措施可以避免事故一样：这种反馈在回顾时可能有启发，但在实际发生时却毫无作用。

简单的泰勒规则与"预测目标"规则之间的差异，其实正是新冠疫情和随后能源价格冲击背景下，中央银行家所面临混乱和困惑的真实写照。泰勒规则主张，为了抵消实际通胀的上升，政策利率应当迅速提升。然而，"预测目标"规则的观点却截然不同，它认为任何短期的通胀波动几乎不会对未来产生影响。实际上，即便实际通胀出乎意料地持续攀升，中央银行家的通胀预测也几乎没有变化。

亚特兰大联储银行建立了一个网站，对泰勒规则（以及各种变体）感兴趣的人可以在网站上比较实际政策利率（主要由"预测目标"规则的变化驱动）与泰勒规则的建议利率。[15] 自2021年通胀上升以来，这两个"规则"之间的差距急剧扩大。例如，在2022年第二季度，美国的实际政策利率略低于1%，而泰勒规则的三个变体表明，政策利率应该在5.5%~7.5%之间，是自20世纪80年代以来的最高水平。这两种通胀目标方法之间的差距巨大。央行放弃了泰勒规则，实际上是假装拥有预测未来的能力，仿佛它们有"时光机"，能确定今天的通胀对两年后的通胀几乎没有影响。然而，它们怎么可能知道呢？

答案是：只是暂时偏离目标，因为公众认为央行的货币政策无懈可击。央行乐于鼓励这种信念，强调通胀冲击的"暂时性"，这与20世纪70年代初期的自满态度有着异曲同工之妙。英格兰银行副行长本·布罗德本特在2021年末提出了以下观点：

> 虽然（贸易商品价格）冲击强烈，但很可能在未来政策决策生效时就已减弱。事实上，预计几年后，部分可交易商品的价格将会回落，从而有助于降低通胀。[16]

5个月后，一些国家再次实行疫情防控，以及俄乌冲突发生之后，布罗德本特的领导、英格兰银行行长安德鲁·贝利发表了他的看法：

> 这是异常艰难的境地。预测通胀率将达到10%，我们对此却束手无策，这无疑是一个巨大的挑战……冲击接连不断，几乎没有给我们任何喘息的机会，这种情况几乎是前所未有的。[17]

近期的通胀已经超出了央行的控制范围，但很可能对未来的通胀影响不大。实际上，"该发生的总会发生"。在中期内，通胀将保持在较低水平，因为央行认为我们对它们的信任是坚定不移的。然而，这与默文·金的"克努特国王通胀理论"相悖。在他看来，令人满意的通胀理论不应该是"我们说通胀将保持低水平，它就会是低水平"。[18]

后疫情时期的通胀冲击

该发生的总会发生，但面对通胀的重大挑战，关键在于分辨哪些是暂时性因素（比如朝鲜战争），哪些可能会持续存在。换句话说，我们如何在当前环境下准确评估通胀问题的严重性呢？

在我看来，任何答案都必须涉及"四项测试"：

- 测试1：是否发生了任何制度变化，表明对通胀的偏好增加了？
- 测试2：是否有货币过剩的迹象表明通胀风险加剧？
- 测试3：是否有证据表明通胀上升的风险被忽视，特别是通过"时光机"或"外部冲击"论调？
- 测试4：供给侧条件是否恶化？

测试一：影响通胀的制度性变化

在新冠疫情暴发之前以及后来发生的一系列事件中，简单的答案是"是的"，制度性变化会影响通胀。回顾本书前面提到的三个论点：

（1）抗通缩的偏好可能无意中造成了对通胀的倾向。事实上，美联储在 2020 年 8 月转向"灵活的平均通胀目标"（FAIT），注定会有这样的结果。由于通胀目标为 2%，而且人们担心通胀率低于 2% 可能会让利率触及零下限，从而引发令人畏惧的通缩风险，因此将来的通胀低于目标将难以抵消任何大幅通胀上升。[19] 换句话说，FAIT 创造了一种动态，使平均通胀率高于官方 2% 的目标，因为公众知道央行不会容忍通胀率持续低于 2% 的目标，但现在（我在撰写本书时），央行会容忍远高于 2% 的通胀率。

（2）在实行量化宽松政策后，政府债券市场上自由波动的价格消失，而这曾是央行常用的关键通胀预警指标。就像假设不再有敌人轰炸袭击，因此撤除雷达站，导致未来只有当敌机直接飞临头顶时才会被察觉，这样的做法显然毫无用处。此外，量化宽松政策还削弱了对财政政策制定者的约束。尽管中央银行家声称这只是巧合，但值得注意的是，长期的量化宽松政策与有史以来最大规模的和平时期政府债务增长密切相关。如果没有央行的"背书"，政府债务是否会攀升到如此高的水平？在没有量化宽松政策的情况下，财政部是否会在面临高额债务利息支付风险的情况下如此慷慨地实施财政政策？

（3）央行的独立性似乎打破了货币政策和财政政策之间的固定关系，即伯顿－泰勒关系。在货币独立的情况下，很容易宣称财政政策对通胀结果没有影响，对渴望摆脱货币纪律束缚的政府来说是非常有利的。2022年9月，英国新上任的财政大臣夸西·克沃滕（他的任期非常短）在宣布英国大幅减税时就以此为由。同样，央行也可以免责于任何财政不端行为。然而，宏观调控杠杆之间缺乏适当的协调，导致政策本质上不稳定。由于对丧失"独立性"的担忧，央行在财政刺激明显时往往选择保持沉默，不愿明确阐述财政过度对利率和汇率的影响。事实上，关于财政决策对货币的影响，许多央行似乎在进行自我审查，这是一种奇怪的独立状态。[20]

虽然在持续低通胀的环境中，这些行动是合理的，但在通胀风险更高的情况下则不然。换句话说，过于关注通缩的风险会导致制度安排的全面调整，从而给政策制定带来非对称性风险。

还出现了其他制度变化。从货币政策目标转向纯粹的通胀目标后，对各种货币总量的关注不足，而在20世纪70年代末和80年代，货币总量是制定货币政策时要考虑的核心因素。虽然货币总量无法完全反映宏观经济的整体目标，但认为货币总量与宏观经济目标之间毫无关联无疑是错误的。尽管货币总量无法提供每年"精确预测"的通胀数据，央行转而寄希望于"时光机"来观察变化，但货币总量依然有助于揭示通胀的整体变化趋势。事实上，任何熟悉经济史的人都知道这一点。

与此同时，由于认为通胀已经消失，央行被赋予了多重目标，而在通胀高涨的时期，首要目标是集中精力恢复价格稳定，金融稳定、充分就业、"绿色"金融、欧洲央行保护欧元等都是值得追求的目标，但不一定能同时实现。央行不得不权衡取舍，做出政治上难以履行的选择。

测试二：货币过剩的迹象

货币过剩体现在很多方面，有时反映为资产价格膨胀。例如，20 世纪 90 年代末的互联网泡沫和几年后的美国房地产泡沫。在这两个案例中，资产负债表膨胀，杠杆增加，央行收紧货币政策，最终整个泡沫破灭。

奇怪的是，资产价格上涨不一定会导致更普遍的通胀。实际上，正如我在 1999 年互联网泡沫末期所提出的，[21] 正因为没有普遍的通胀，资产价格才会膨胀：通胀缺失制造了一个假象，仿佛经济已经进入某种"新范式"，在这种范式中，即使通胀保持静止，经济增长也不断再创新高。资产价值"重新定价"创造的财富超过了经济的承载能力。这些财富产生的杠杆远远超出经济的基本面。当央行最终踩下刹车时，正如美联储在 20 世纪 20 年代末和 2000 年所做的那样——上涨的资产价格估值中包含的预期通常会破灭。一旦央行这么做，资产价格就会崩溃，留下过多难以消化的债务。随着去杠杆化加速和需求崩溃，通缩成为主要威胁。

可以说，这类事件反映出，当对未来金融回报的预期异常膨胀时，央行未能将"实际"利率提升至适当水平。如果真的像资产市场所展示的那般美好，未来投资的贴现率理应更高。换句话说，资金不应该浪费在低效的项目上。然而，央行时常忽视这一准则，认为通胀本身是可控的，所以利率才能保持在低水平。这在某些情况下造成房地产泡沫，正如21世纪初美国次贷繁荣时期所发生的情况。有时，又会投资于缺乏认识的金融工具，其唯一的优势是在近期能逆势上涨。1720年南海泡沫中部分资产价格上涨，20世纪90年代末期互联网泡沫中的涨幅，还有全球金融危机后名义利率触底后投资者对比特币等加密货币的兴趣高涨，都是很好的例子。

不同于未来经济增长的膨胀预期，真正的持续高通胀时期，往往与货币供应的快速增长紧密相关，这与弗里德曼和施瓦茨的观点相吻合。以1968年为例，美国货币增长首次超过9%，这直接反映了当时通胀加剧。随后，在1971年春季［当年M2（广义货币供应量）货币总额的增长在下半年达到13.4%的峰值］，以及1976年和1977年，都出现了明显的货币激增。而到了20世纪80年代初期，虽然偶尔会出现货币动荡，但总体而言，货币增长几乎陷入了停滞状态。除了偶尔的政策性"紧急扩张"，例如 2008 年 9 月雷曼兄弟公司破产后引发货币激增，总体来看，货币增长似乎不再是令人担忧的问题。

2020 年初，一切都发生了变化。新冠疫情的暴发和随之而来的防控措施对经济活动造成了严重冲击，中央银行家开始担心重现 20 世纪 30 年代的大萧条，但在此过程中，他们忽略了通胀的严重程度。在 2020 年和 2021 年的评论中，我们不难看出这些担忧，但在那时通胀已经开始悄然上升。例如，

> 办公场所使用需求的下降可能会对租赁空间需求和租金水平造成持续压力，这种压力可能导致低成本通胀和价格通胀进入疲软周期。[22]

或者，

> 到目前为止，（通胀）似乎是一个可忽视的风险。当然，经济复苏过程中可能会出现短暂的供应端摩擦，导致成本和价格在一段时间内上升。然而，我认为只要通胀预期保持稳定，在劳动力市场充足和经济活动低迷的情况下，劳动力成本和利润率的上涨将受到限制。换句话说，在我们成功挽回大部分经济损失之前，我对通胀持续超过预期目标的风险持审慎观望态度。[23]

或者，

由于经济和劳动力市场远低于中期潜力，我们最终需要弥合这一差距，让通胀长期回归目标水平。[24]

或者，

长期通胀预期的变动远低于实际通胀预期或近期预期，这表明家庭、企业和市场参与者普遍认为当前的高通胀水平可能是暂时的，而且美联储无论如何都将长期维持2%左右的通胀目标。[25]

然而，很少有人指出货币增长确实显著加速。在2020年初，美国M2的年增长率仅为6.8%。但到当年5月，货币增长已飙升至超过20%，并在2022年2月达到了26.8%的峰值。此后，货币扩张的速度放缓，但损害已然形成。实际上，货币存量在较短的时间内大幅增长。而且在那段时间里，由于防控措施的影响，人们无法进行正常消费。

货币的快速扩张造成的金融结果与20世纪30年代的大萧条时期大相径庭。银行得以幸存，而非倒闭。股票市场不仅没有崩溃，反而呈现出繁荣景象。工人们选择休假回家，而不是被解雇（即便被解雇，也能迅速找到新的工作）。大多数企业继续经营，鲜有企业破产。而且，随着时间的推移，通胀现象日益加剧。

并非所有国家和地区都经历了如此快速的货币增长。在欧元区，备受关注的 M3 货币供应量在 2021 年底达到两位数，但远不及美国的增速。尽管如此，这仍然是 13 年来的最快增速，英国的情况大致相似。与美国一样，两国的通胀情况都超出共识的预测。随着新冠疫情防控结束，货币流速加快：突然之间，先前增加的"闲置"货币余额可以得到有效利用。换句话说，即使货币供应量 M 减少，如果货币流通速度 V 加快，也会推高价格水平和交易量 PT，这就是数量理论的变形。

测试三：通胀风险是被忽视还是被"容忍"？

在"时光机"——或"预测目标"——的框架下，货币政策容易受到有偏见的信仰体系的影响。如果中央银行家们长期专注于防范通缩风险，那么他们很难调整思维来适应与过去截然不同的新经济现实。

新冠疫情期间以及后续能源危机中的政策表态充分证明：对于预示通胀持续上升的证据，决策层长期采取回避态度。造成这种情况的原因很多：通胀预期表现良好，不愿关注通胀的货币驱动因素，无法认识新冠疫情的全面影响，还有对央行掌控通胀能力的盲目自信。

这并非中央银行家最辉煌的时刻。社会学家和心理学家无疑对这些神圣机构内部的"集体思维"有自己的看法，但或许最大的错误在于，拒绝承认通胀可能会在他们的任期内卷土重来。实际上，如果通胀归来，中央银行家就必须接受集体失败的事实。他们的职责是实现价格稳定，因此不太能接受自己不再是货币之神。但或许，他们也是会犯错的普通人。[26]

由于拒绝接受世界已经改变的事实，央行不断寻找借口，解释为什么通胀上升与货币政策无关，更重要的是，为什么任何通胀上升都可能是暂时的。事实证明，对未来的预测总是理想的。工资-价格螺旋只存在于20世纪70年代，而不是当今：任何劳动力市场的紧缺都会迅速得到缓解。能源冲击只能是暂时的，对整个经济的涟漪效应也是短暂的。个别国家可能因为疫情防控而使经济受影响，但全球供应链对通胀没有持续性影响。即使近期通胀上升，货币政策也总能保证通胀很可能在两年内回到目标水平。

表6-1反映了这个故事。英格兰银行货币政策报告显示，当前和未来一年通胀系统性上升对未来的通胀预测没有任何影响（除了2022年11月，当时该银行表示，两年后通胀可能"低于预期"，试图提示金融市场可能对政策利率的未来水平过于悲观）。要么中央银行家拥有完美校准的"时光机"，要么他们是在逃避现实。

表 6-1　英格兰银行货币政策报告的通胀预测

报告日期	最新通胀率	一年期预期通胀率	两年期预期通胀率
2020 年 8 月	0.3	1.8	2.0
2020 年 11 月	0.6	2.1	2.0
2021 年 2 月	0.8	2.1	2.1
2021 年 5 月	1.7	2.3	2.0
2021 年 8 月	2.7	3.3	2.1
2021 年 11 月	4.3	3.4	2.2
2022 年 2 月	5.7	5.2	2.1
2022 年 5 月	9.1	6.6	2.1
2022 年 8 月	9.9	9.5	2.0
2022 年 11 月	10.9	5.5	1.4

资料来源：英格兰银行货币政策报告。

测试四：不断恶化的"供应条件"

回想一下，泰勒规则要求评估经济中的"闲置"产量。所谓的产出差距，是经济学家诊断工具中最不可靠的测量标准。这种标准能够衡量需求超过或者低于供应的程度。大多数央行都会定期计算这个缺口，有些甚至公布了估算结果。这确实需要勇气，因为未来的数据可能会大幅修正。通常而言，经济的供给侧表现被视为"既定条件"，货币政策对其几乎不产生实际影响。因此，央行的主要职责是调节需求，确保经济既不会"过热"，也不会

"过冷"。

然而，供应会发生变化。一个周期高峰或低谷到下一个周期高峰或低谷的平均增长率能展示供应的变化（见表6-2）。这是在每个经济周期中根据需求的变化进行调整的一种方式。这清楚地表明，供应潜力并非一成不变，而是会发生巨大变化。值得注意的是，自全球金融危机和新冠疫情暴发以来，美国经济增长大不如前。

表6-2 美国周期性峰值之间的实际经济增长

从峰值到峰值日期	平均年化增长率（%）
1948Q4—1953Q2	5.5
1953Q2—1957Q3	2.5
1957Q3—1960Q2	2.9
1960Q2—1969Q4	4.5
1969Q4—1973Q4	3.7
1973Q4—1980Q1	2.9
1980Q1—1981Q3	1.4
1981Q3—1990Q3	3.4
1990Q3—2001Q1	3.3
2001Q1—2007Q4	2.6
2007Q4—2019Q4	1.7
2019Q4—	1.0

注：Q表示季度。最新数据截至2022年第二季度。
资料来源：NBER，圣路易斯联邦储备银行。

在现实中，很难确切知道一个经济体的供给潜力。很多时候取决于"未知因素"，例如技术进步率、劳动力的参与程度和其他国家的竞争。这意味着可能会制定错误的货币政策。当供给充足而需求不足时，更可能出现通缩。相比之下，当供给有限而需求强劲时，更可能出现通胀。这正是新冠疫情之后的情况：虽然本地和全球的供给受限，但随着一些经济体解封，本地的需求旺盛。大多数情况下，全球的供给限制明显。例如，中国疫情防控期间，发达国家部分地区的需求却激增。

本地供给限制也许不那么明显，但也造成了类似的影响：在同等条件下，工人们不愿意再回到原来的工作岗位；随着资产市场的繁荣，人们选择提前退休；有些人选择留在国内，而不是出国寻找更好的工作机会；市场没有意识到防控期间逐渐加剧的短缺问题，因此也未能及时做出反应。就英国而言，脱欧导致欧盟工人减少，劳动力市场的"弹性"突然下降。

这些局部影响在劳动力市场数据中体现得最为明显。实际上，工人数量太少，无法满足后疫情时代的需求。失业率降低，职位空缺激增。名义工资开始加速上涨（即使最初的增速与整体通胀的快速上涨相形见绌，主要反映能源价格的快速上涨）。工人为了追求更高的工资开始频繁跳槽。公司为了留住员工而提高薪资。工会也日益不满，一些国家的游行示威频频发生。

虽然经济增长并不十分强劲，但认为需求不足的观点是彻底错误的，是在重蹈20世纪70年代错误解释的覆辙。相反，供给满足需求的能力无法达到此前的"生产潜力"估算。就像一个人如果好几个月不去健身房，举重能力就会大大下降：在这种情况下，如果要逞强举太重的杠铃，可能就会受伤去医院，然后再经历漫长的恢复期。

然而，这一切的背后，实际上有一个早于新冠疫情和俄乌冲突的全球性背景。回想前文引用的斯托克和沃森的话："大多数（通胀）下降似乎是由于较小的经济波动带来的好运……"这句话可以放在全球化的背景下来解读。随着国界日益消融，经济合作壁垒减少，按传统标准衡量的经济效率得到了极大提升。随着资本跨境自由流动，寻找工资、生产率、治理、物流和法治方面最具吸引力的组合，工业制成品的价格大幅下跌。实际上，这重演了19世纪末的通缩趋势。当然，在北美和西欧等成本相对较高的地区，从事制造业的工人确实受到了一定影响，但这部分人群只是少数。因为在此之前，大规模自动化已经推动了技术创新，大部分就业岗位已经从制造业转向了服务业。

全球资源配置的优化正是供给侧革命的去通胀化。对于北美和西欧的中央银行家来说，这是天赐良机。实现既定的通胀目标变得轻而易举。实际上，一切顺风顺水。

全球金融危机之后的几年里，已经有迹象表明，超全球化的时代即将画上句号。我们并未迎来志同道合的民主大家庭，相反，各超级强国渐行渐远。最初，美国和中国这两个有着截然不同政治体系的超级经济体出现了裂痕。在唐纳德·特朗普担任美国总统的4年间，"美国优先"成了对抗中国的一句口号，但即便在此之前，美国国会也早已从视中国为伙伴转变成视为威胁。简而言之，美国政府已经不再寄希望于中国能像日本和韩国那样选择民主的道路。与此同时，如果中国成为世界上最大的经济体，那么中国在国际事务中是否应该有更大的话语权呢？

新冠疫情只是加剧了已经产生的分裂。过去，全球供应链被视为经济效率的源泉，如今却成为国家脆弱性的来源。过去，国际组织被委以重任制定国际规则，但现在有人开始质疑它是否已经成为某国观点的喉舌，世界卫生组织就曾被诟病。病毒传播的速度让人们意识到，边界或许是积极的保护力量，而不只是造成了分隔。

俄乌冲突也引发了类似的深刻反思。由于建设了北溪天然气管道1号和2号，从战略意义上来说，欧洲依赖俄罗斯的天然气供应。当下没有可行的替代方案。因此，当普京决定停止天然气供应时，天然气价格飙升，引发了全欧洲的能源危机。突然，原本最高效的能源来源变成了巨大的不确定因素。

由于这些发展趋势，各国对全球化的热情减退，开始重新关注"国家韧性"。这就相当于，虽然拥有一座房子，但还需要买保险来应对意外或不可预见的危机，而事实证明，提供安全感和内心平静的成本高昂。供应链缩短，加速了"近岸外包"的进程，企业必须慎重考虑投资的地点，工人也不再那么自由地跨国流动。换句话说，全球供应条件日益恶化，这意味着在相同的需求水平下，通胀率可能比以往更高，标志着斯托克和沃森所描述的大稳健时代的逆转。也就是说，通胀上升的部分原因似乎是经济和政治动荡加剧造成的不幸……

"时光机"和解决通胀问题：结论

事实上，当前的通胀率并不能代表未来的通胀率。换言之，未来的通胀率受到诸多除当前通胀率以外因素的影响。如果未来通胀率与当前通胀率接近，那可能是央行政策起到了作用；而同样，如果现在与未来通胀率接近，也很可能只是运气使然，而非明智决策的结果。

这样一来，在现实中，我们很难区分短暂的通胀风暴和持续的通胀压力。既然已经放弃了中间目标，对于两三年后的通胀情况，我们只能靠猜测来预估。由于前几章提到的原因，预期并不奏效。同样，像泰勒规则和"前瞻性"规则等标准的政策决策规则，在面对这一问题时也显得力不从心。

由于没有能预测未来的"时光机"，评估通胀风险更佳的途径是考虑以下"四项测试"。第一，是否发生了任何制度变化，表明对通胀的偏好增加了？第二，是否有货币过剩的迹象表明通胀风险加剧？第三，是否有证据表明通胀上升的风险被忽视，特别是通过"时光机"或"外部冲击"论调？第四，供给侧条件是否恶化？

这"四项测试"表明，新冠疫情发生后的通胀上升，是自20世纪70年代以来最为严重的。在我看来，任何忽视这一现实的人，都没能真正理解其严重性。

第七章

经验教训、警示与应对措施

十四条经验教训——重新审视伯顿－泰勒问题——通胀高企时央行的独立性——解决"群体思维",避免"单向押注"——防范通胀的不确定性——伯恩斯和沃尔克

我们一起回顾了通胀的历史，审视了过往的证据、通胀理论中的精华与糟粕、控制通胀方法的成败得失，以及其中至关重要的政治经济因素。认为通胀是中立的、无关紧要的、不值得关注的观点，显然是无稽之谈。同样，认为我们可以永远击败通胀的观点也是荒谬的。即使我们曾一度忘记通胀，但它总会卷土重来。就像好莱坞电影《终结者》里的台词："我会回来的。"

最后一章分为两个部分。首先，从前面的章节中我总结出十四条经验教训，这些经验教训不仅基于理论，也植根于通胀史。其次，我从风险、解决方案以及制度限制等多个角度，对通胀的历史进行了深入的审视。简而言之，我深感忧虑，我们可能正在步入一个价格无法长久保持稳定的新时代。

首先是经验教训

经验教训一：货币至关重要

也许这是最重要的一课。从一个层面来说，通胀是一体两面的，既可以把它视为工资和价格不断上涨的过程，也可以把它看成货币不断贬值的过程。然而，历史证据表明，货币和价格之间存在前者决定后者的因果关系。

尽管货币目标制的尝试以失败告终，部分原因在于过分强调货币和价格之间的精确关系，但政策制定者必须识别货币增长异常迅速的时期。在新冠疫情发生后及其余波期间，他们并未意识到这一点。不可否认，有时通胀会因"非货币"因素而飙升。但通胀的持续最终取决于货币因素：如果货币政策"适应"了价格上涨，那么更有可能出现持续的通胀时期。这也是英国在20世纪70年代中期的通胀表现远不如联邦德国的原因之一。

经验教训二：公众的态度与央行的政策同样重要

纯粹的货币主义者倾向于认为货币的"流通速度"是稳定的，至少是可预测的，但历史表明并非如此，部分原因在于流通速度反映了公众对货币"信任"的重要性。那些失去公众信任的政策制定者——贬值银币的罗马人、推出新式银币的法国革命者、无视通胀威胁并自以为是地相信自己的抗通胀能力的央行行长，可能引发无法估量的通胀破坏，即使货币供应本身最初并未出现大幅增长。

经验教训三：那些认为通胀已被永久遏制的人忽视了历史

经济模型往往基于有限的数据样本，大多是为适应近期历史而构建的。如果一段历史处于价格稳定期，那么模型很可能会将这种稳定性投射到未来，即使历史证据与之相悖。这种"自满"的模型存在着重大误区：历史经验表明，随着时间的推移，这类模型会变得不稳定，在经历政治和经济压力时尤其不可靠。

在经历了三四十年的价格稳定之后，即使在新冠疫情的冲击下，人们也容易相信未来价格将继续保持稳定。然而，通胀是一个隐秘的对手，它既源于政治经济的现实，也考验着央行行长的技术能力。只有当政策制定者明确了方向，历史才能成为照亮未来的明灯。同时，央行的独立性并不能为持久的价格稳定提供绝对保障，认为央行独立就能保证价格稳定的人可能需要重新审视历史。

经验教训四：政府通常会选择通胀

通胀是奖励债务人、惩罚债权人的机制。在任何经济体中，最大的债务人往往是政府，因此，通胀是政府摆脱财政困境的一种有效手段：如果公众不愿意接受税收增加或政府通过削减开支来"平衡财政收支"，通胀就能达到类似的效果。换句话说，单靠货币政策难以有效控制通胀，需要各种财政政策的协同支持。忽视伯顿-泰勒关系是自找麻烦。

经验教训五：通缩风险下的制度改革可能无意中助长通胀

在充满不确定性的未来，即价格下滑、实际负债攀升的世界，单纯地将通缩视为唯一的威胁，是没有意义的。然而，这正是全球金融危机发生后至新冠疫情期间上演的真实场景。在政策制定的框架中，它似乎成了永久存在的元素，其中一个副作用就是，削弱了政府债券市场发出潜在未来通胀上升"预警信号"的能力。在欧元区，问题更为严峻。因为欧洲央行更担心的是欧元解体，而不是通胀，这导致货币政策和货币驱动的准财政政策之间的界限变得模糊。

经验教训六：民主选举的政府无法抵挡通胀的诱惑

现代货币理论的一个显著弊端在于，它过于强调民选政府能够独立维护货币的价值。央行之所以需要独立运作，是因为它们不太可能受到选举周期的诱惑，而且在极端情况下，它们也不太可能缺乏财政实力。然而，印钞实际上是一个诱惑，因为它往往被视为增税或减支的替代方案，短期内甚至可以成为掠夺民众储蓄的隐蔽手段。尤其当政策制定者倾向于将通胀归咎于"他们无法控制的因素"时，这一点更为显著。归根结底，无法逃脱伯顿–泰勒关系。

经验教训七：通胀一旦发生，是极其不公平和不民主的

实际上，通胀随机地制造了赢家和输家。虽然在短期内总体经济表现看似良好，但最终通胀会导致社会信任的崩塌。很少有西方国家能够应对持续的通胀。通胀时间越长，政策调整所需的代价就越大，痛苦也就越深。工资和价格上涨不可避免地滞后，但问题不仅限于此。一些人能够通过工资调整获得补偿，而另一些人则面临名义工资固定不变或增长缓慢的情况。金融知识丰富的人能够更好地保护甚至增加自己的财富，债务人往往也能从中受益。但那些主要财富形式为现金的人，包括依靠救济金生活的弱势群体，就会陷入困境。一些人可能受益于通胀的"指数化"政策，但更多的人则没有任何保护手段。

经验教训八：保护民众的收入和财富免受价格冲击具有政治必要性，但无法根治通胀

如果通胀持续上涨的根源在于宽松的货币环境，那么无论提供多少补贴都无法根治问题。明智的政府或许能预见通胀中的赢家与输家，并为输家提供一定的补偿。然而，这种补偿措施很可能会因政治纷争而"夭折"。因此，更好的选择是直接解决通胀的根源问题，而不是支持那些"插队"的人以至于让其他人处于不利地位。同样，工资和价格控制也只是一种辅助手段，可能有助于加强抑制通胀的货币政策框架，但绝非替代方案。

经验教训九：讽刺的是，恶性通胀可能比"温和"通胀更容易控制

在恶性通胀期间，几乎没有人长期受益。绝大多数人要求采取行动，最终，哪怕经历一两场革命，机构改革也势在必行。从历史上看，一个独立的央行是不可或缺的，它必须消除任何财政主导，以确保未来货币持有者的信心，避免巨额金融损失。而相比之下，温和的通胀更容易被外部冲击、被短暂的动荡等因素所"掩饰"。因此，温和的通胀可能更加根深蒂固、难以根除，因为短期内要付出的代价过高。

经验教训十："基于规则"的政策框架至关重要，公众需要知道政策制定者将如何应对

规则之所以有用，是因为规则建立了一个框架，让人们能够预测随着经济状况的变化，政策可能会如何调整。例如，当经济增长强劲加速或通胀意外持续上升时，如果央行倾向于采取调整短期政策利率的措施，那么这种明确的信号对所有相关方来说更为有利。同样，如果政府决定采取可能威胁通胀的财政刺激措施，公众了解到央行可能会有重大的货币动作，将有助于稳定市场预期。[1] 随着公众对政策前景看法的变化，金融市场也会相应重新定价，这实际上分担了原本应由货币当局独立承担的责任。

经验教训十一：货币政策必须主导财政政策，而不是相反，政府不应该通过"印钞"来偿债

如今，被称为"财政主导"的概念有着错综复杂的悠久历史。毕竟，货币贬值曾是国家领导者支付战争费用的一种手段，也是让金币和银币持有者财富缩水的一种方式。金本位制曾是货币主导的一种形式，曾经约束政府随意举债，直到战争的压力迫使各国政府打破这一规则。然而，在和平时期，理想情况下，政府不应该再采取印钞的措施来资助预算赤字。不经意间，量化宽松可能已经为财政主导"打开了一扇后门"。

经验教训十二："经验法则"比预期更重要

央行对预期着迷，甚至视其为衡量经济成功的唯一标准。但实际上并非如此。正如我们所见，预期往往是一种滞后指标，对通胀波动的反应速度缓慢。为了更准确地描述人们的行为，我们应当借助启发式方法，或者更直接地说是经验法则。这些法则是如何形成的，以及它们如何调整，是宏观经济学中的一个重大难题。然而，忽视它们是一个严重的错误。毕竟，经验法则有助于我们判断通胀能否维持低位、能否大幅上升，以及央行能否继续得到公众的信任。

经验教训十三：政策制定者很难区分短期通胀风暴和长期通胀

理解通胀的实时演变并非易事。有些短期通胀现象可能会迅速平息，而有些则可能恶化为严重的长期问题。然而，默认所有短期波动都是短期现象是不明智的。央行并没有预测未来的"时光机"：它们既不应假设自己能预知未来，也不应在面对意外通胀时盲目自信。

经验教训十四：所有央行都应使用"四项测试"来判断通胀是否有可能成为持续性问题

鉴于没有可用的"时光机"，评估通胀风险的更好方法是考虑使用"四项测试"，具体包括以下几点。第一，是否发生了任何制度变化，表明对通胀的偏好增加了？第二，是否有货币过剩的迹象表明通胀风险加剧？第三，是否有证据表明通胀上升的风险被忽视，特别是通过"时光机"或"外部冲击"论调？第四，供给侧条件是否恶化？

再看伯顿－泰勒关系：正确的货币、财政和金融组合

我们已经了解了十四条经验教训，现在是时候思考未来了。寄希望于能源价格稳定是不够的：正如我反复强调的，通胀的关键驱动因素并非随机事件，而是暴露于极端压力下的思想和制度缺陷。我们需要改进这两个方面。

回想一下关于央行的多重目标以及这些目标之间相互冲突可能性的观点。在货币和财政政策之间缺乏协调的情况下，这些冲突可能会进一步加剧。

2022年9月，英国新任首相伊丽莎白·特拉斯以及财政大臣夸西·克沃滕决定进行一次大胆的尝试。针对英国经济增长乏力的现状，他们宣布了一个与当前2%通胀目标持平的2.5%增长"目标"。要知道，不久前英国经济的年平均增长率还只是略高于1%。为实现这一增长目标，他们公布了一系列减税措施（其中一些在公布几天后就被取消，因为克沃滕的政策组合迅速遭到政治和金融市场的反对）。特拉斯、克沃滕及其支持者声称，

这些政策旨在提升英国经济"供给端"的表现，但在某种程度上，这些减税政策更像是传统的"需求刺激"政策。在英国经济正遭受通胀过度的情况下实施这些政策，主要反映了俄罗斯减少对欧洲天然气的供应，导致能源价格大幅上涨。这套方案在克沃滕刚解雇财政部最资深的员工汤姆·斯科拉后便仓促推出，并且预算责任办公室没有进行常规审查，于是该方案在金融市场遭遇惨败。由于缺乏关于减税对政府借款影响的清晰预测，英国国债收益率迅速上升，触发了一系列"流动性短缺"和养老基金内部的"抵押品追缴"问题，进一步导致更多国债销售，从而推高收益率，使财政风险迅速演变为金融风险。

这些情况让英格兰银行陷入了进退两难的境地。一方面，英格兰银行首席经济学家休·皮尔发出警告，由于财政刺激措施对经济的影响，央行需要提高政策利率，且提高的幅度要超过原计划。另一方面，英国国债收益率突然飙升，迫使英格兰银行在次日就紧急干预债券市场，计划购买650亿英镑国债，以拉低收益率，防止养老基金陷入"灾难循环"。简而言之，英格兰银行现在既需要提高利率来维持价格稳定，又必须降息以防止金融市场动荡。

这是怎么回事呢？有两个主要原因。一是量化宽松的影响（在整本书中都有提及）。政府清楚量化宽松是一种潜在的工具，也知道在紧急金融事件发生时可以随时使用。量化宽松处于政策制定的核心位置，引发了道德风险，鼓励政府选择金融风险较高的政策，因为大家知道央行总是会出手"救市"。尽管在通缩的紧急情况下使用量化宽松偶尔会有一些好处，但现在放弃是明智的选择：它已经使伯顿－泰勒关系失衡，导致财政政策再次成为主导，进而增加了金融的脆弱性。[2]

二是直接否认了伯顿－泰勒问题的存在。支持特拉斯的人对这一问题轻描淡写，一位知名经济学家甚至直言："货币政策需要抑制通胀，财政政策需要稳定经济。"[3] 但正如我多次强调的，这种将政策工具割裂的做法并不可行，要么会造成"双头兽"般难以驾驭的混乱局面，要么在更长的时间内导致财政政策主导，削弱独立央行实现通胀目标的能力。

要解决伯顿－泰勒问题，最佳途径是确保货币政策优先于财政政策，同时要求财政监督者切实履行其职责，即在合理经济预测的基础上评估财政政策的可持续性。首先，这要求央行对任何影响长期借贷计划的财政决策所产生的货币影响进行评估，并据此采取相应措施。其次，央行的职责应仅限于维护价格稳定。[4]

金融稳定的责任应由其他机构来承担，从而减少财政当局迫使货币当局违背其最佳判断或采取不一致行动的可能性。尽管这可能带来协调方面的问题，正如全球金融危机期间我们所经历的那样，但这将打破一个刻板印象：央行的主要任务是在紧急时期救助过度挥霍的政府。因此，政治家们将不得不更加审慎地权衡激进的财政方案带来的货币和金融后果。

这并非易事。欧洲央行的民意调查显示，公众对其核心职能的认知存在显著分歧。该调查还显示，控制通胀在欧洲央行的目标列表中仅排在第五位，更优先的任务包括维护金融稳定、支持陷入财政困境的国家、稳定欧元和设定利率水平。同时，总体数据掩盖了各国观点的巨大差异：芬兰（78%）、德国（75%）和奥地利（74%）的受访者最可能提及"遏制通胀"，而拉脱维亚（23%）、马耳他（33%）和希腊（40%）的受访者最不可能提及"遏制通胀"。[5] 单一货币区似乎有多个优先事项，至少在其公民看来是如此。在通胀冲击同时威胁金融动荡的情况下，公众对欧洲央行在此事件中可能采取的应对措施的预期存在巨大差异。这种情况不利于形成清晰的政策规则框架。

2022年，欧元区的通胀率飙升到了惊人的高位。到了年底，消费者价格指数以两位数的增速持续上涨。然而，平均水平下掩盖了各国的巨大差异。例如，由于大量能源补贴的保护，法国9月的通胀率仅为6.2%，而德国的通胀率则高达10.9%，高于意大利的9.5%，这可能是德国战后时期的最高水平。荷兰的通胀率已攀升至略高于17%，而波罗的海国家的通胀率更是超过20%。但政策利率仍然保持在极低水平。

正如我在第三章中所阐述的，通胀率的攀升，既反映了天然气价格大幅上涨，也体现了欧洲央行所采取的准财政措施的影响。欧洲央行担心在激进的货币紧缩政策下利差扩大，因此欧元的存亡是比价格稳定更重要的政策目标，欧洲央行承诺购买问题国债抑制利差扩大，却以延缓应对通胀为代价。实际上，这是一场赌局。如果俄乌冲突结束，能源价格随之暴跌，这场赌博或能获胜；但如果能源价格持续上涨，从而推动其他领域工资和价格的上涨，那么这场赌博很可能以失败告终。

然而，这也许是历史上规模最大的一次失败。迄今为止，欧元危机主要涉及欧元区中实力较弱的成员国，这些国家深陷巨额经常账户赤字、借贷成本飙升以及对违约或退出单一货币区的担忧之中。但未来可能会有所不同。目前，德国和一些北欧国家的通胀迅速攀升，这被视为维护欧元区完整性的必要代价。然而，这要求德国和北欧国家接受一些经济条件，而在战后任何时期，这都是它们难以接受的。别忘了，1973 年的石油危机就导致整个欧洲出现了截然不同的通胀结果，这反映了各国对价格稳定的不同态度。如果再次出现类似的分歧，欧元区最终可能会瓦解，但原因并不是将南欧国家排除在欧元区之外，而是因为北欧国家出于政治原因拒绝继续接受欧元。这样的结局将与美国内战后的局面大相径庭。

高通胀中的央行独立

关于央行的优先关注目标，人们往往难以达成共识。政治家可能并不愿意或无法赋予央行像德意志联邦银行在 20 世纪七八十年代那样特定的权力，以严格抑制通胀。前几章关于消除通胀是否公平的讨论，为限制央行权力提供了合理的依据。在过去的几十年里，发达国家（在新兴国家可能不那么明显）的大多数央行经历了一段相对平稳的时期：它们通常在通胀已经得到控制的背景下获得独立地位，并在通胀率总体稳定的时期实施货币政策。换句话说，很少有央行行长需要直面降低极高通胀率的挑战，而这一挑战往往伴随着巨大的政治风险。

的确，如果即将进行提高货币和财政当局可信度的制度改革，会更容易降低通胀。然而，这类改革往往是一次性的。例如，央行只能获得一次独立地位：如果未能实现价格稳定，那么后来面临更严格的政治审查就不足为奇了。

确实，许多中央银行家坚持认为，在新冠疫情和俄乌冲突发生后出现的通胀上升是暂时的，与他们的政策无关。这种立场可能是因为他们害怕承认错误。这可能会在权力中心引发一些棘手的问题。另一种策略是采取观望态度，希望通胀自行消退。

然而，随着通胀的持续攀升，央行被推到了风口浪尖，不仅受到政治家的抨击，有时还要面对普通公众的指责。自 1999 年 11 月起，英格兰银行就开始对公众关于通胀的态度进行季度调查，其中包括这样一个问题："总体而言，您对英格兰银行通过设定利率来控制通胀的方式是否满意？"[6] 在调查的早期阶段，公众对英格兰银行的表现满意度很高，有时甚至超过 60%。虽然此后满意度偶有下滑，尤其是在全球金融危机之后，但从未出现负值。然而，到了 2022 年，情况发生了转变。由于所谓的"生活成本危机"，公众对英格兰银行应对通胀的能力日益丧失信心：截至目前，满意度已降至 –7%。

在 20 世纪 80 年代初，抗击通胀的前景充满了不确定性。回顾当时独立央行的表现，我们可以一窥高通胀环境下所面临的挑战以及抗击通胀成功的可能性之低。有四个案例值得深入探究：（1）德意志联邦银行；（2）美联储；（3）法兰西银行；（4）英格兰银行。

德意志联邦银行：公众信任的典范

对于德意志联邦银行而言，那时的形势可谓相对轻松。德国民众对 60 年前那场恶性通胀仍记忆犹新，因此全力支持德意志联邦银行。历届政府深知，最好不要与央行对立，因为在大多数德国人眼中，央行比那些"昙花一现"的政治家更值得信赖。

美联储：沃尔克的赌局

美联储的情况稍显复杂。1970 年，阿瑟·伯恩斯出任美联储主席，在他的领导下，美联储对 20 世纪 70 年代通胀的迅速上升负有一定责任。而伯恩斯本人认为，当时的经济混乱与美联储无关。[7]1979年，卡特总统任命保罗·沃尔克来解决这一难题。沃尔克能够成功，得益于两大因素。第一，尽管从伯顿－泰勒模式的角度来看，财政政策后来走向了"错误的方向"——出台了大量"涓滴式"财政刺激措施，但沃尔克能够将"实际"利率提高到非常积极的水平，这是后疫情时期任何一家主要央行都无法企及的高度。[8]第二，如第五章所述，高"实际"利率和随之而来的美元快速升值，给那些将本国货币政策与美联储货币政策挂钩的国家带来了巨大的经济成本。随着这些国家陷入各种债务危机，美联储最终创造了一种局面，使美国能够从其他经济体的崩溃中引入反通胀压力。对于控制全球储备货币的央行行长来说，其工作难度自然会小很多。

密特朗增长试验期间的独立法兰西银行

如果20世纪80年代初的法兰西银行是独立的，那么很难想象它会像当时的德意志联邦银行和美联储那样获得宽松的政策空间。毕竟，那时正值密特朗试验时期——法国试图通过大规模国有化、慷慨的社会福利以及对富人大幅增税来摆脱滞胀经济。为了控制通胀，法兰西银行不得不实行沃尔克式的利率，这无疑会引来破坏密特朗试验的指责。

事实上，市场完成了央行未能完成的任务：法郎在欧洲货币体系的汇率机制内多次贬值，对德国马克的汇率从1980年的

2.30法郎跌至3年后的3.07法郎。最终，在过度通胀加剧、失业率不断攀升和汇率疲软的压力下，密特朗不得不改变策略。[9]

英格兰银行作为独立的"撒切尔主义"实体

英格兰银行是否独自实施了最终导致20世纪80年代初通胀持续下降的政策，这一点是有高度争议的。毕竟，其实施的政策付出了巨大代价，导致制造业遭受重创，失业人数翻了一番。英镑的价值在外汇市场上飙升也无助于缓解这一局面。[10] 玛格丽特·撒切尔作为战后时期的英国政治家，尽管仍备受争议，但她的政策至少具备民主正当性：她于1983年和1987年两次当选英国首相，这表明整个国家愿意吞下这剂苦涩的经济良药。然而，一家独立的央行却难以声称具有这样的民主合法性。

20世纪80年代初的不同经历表明，关于央行独立与否的辩论并非表面上那么简单。尽管独立的央行有助于货币政策摆脱政治周期的束缚，但面对真正艰难的政策决策，尤其是将过度通胀从金融体系中消除所需付出的代价，最终可能还需要某种形式的政治背书。在德国，这种背书来自全民对历史教训的集体记忆。而在英国，则只能依靠玛格丽特·撒切尔连续的选举胜利以及公众对20世纪70年代通胀混乱的深刻记忆。

简而言之，通胀挑战越严峻，其解决方案就越可能带有政治色彩，因此也越需要某种形式的政治干预。从20世纪80年代末到新冠疫情发生前，央行基本上成功地规避了这个问题：通胀率低且稳定，对央行的批评主要集中在金融稳定的问题上，特别是在全球金融危机期间。然而，新冠疫情发生后的通胀飙升使各国央行行长陷入了更大的困境：在政客们纷纷承诺"重建更好未来"的当下，采取强硬措施并不容易，但如果不采取强硬措施，又可能进一步加剧通胀压力。在这种情况下，想要逃离政治聚光灯，可以说是难上加难。

进一步的制度改革：应对群体思维

到 2022 年底，通胀似乎已经无处不在，不再是一阵短暂的风暴，这令央行倍感意外。就在 2021 年 12 月，美联储还表示："疫苗接种进展和供应约束缓解将促进经济活动和就业率的持续增长，进而降低通胀。"[11] 在 3 个月前，尽管英国的通胀率已经达到了 3.2%，英格兰银行也警告下一年年初可能突破 4% 的上限，但许多人仍然认为"目前的成本压力只是暂时的"。实际上，仍有充分的理由预测大宗商品和其他全球市场的材料供应将有所调整，从而降低未来的投入价格和进口成本。但公平地说，该银行也补充："目前上升的通胀压力可能对消费者价格产生第二轮影响。"尽管如此，它们仍然得出结论："英国的通胀预期仍然保持稳定。"[12]

在这两个事件中引人注目的是,这两家央行都在中央声明中大体上否定了任何持久的通胀威胁。更值得注意的是,在这两个事件中,几乎没有任何异议的声音。联邦公开市场委员会一致通过了12月的声明,而英格兰银行货币政策委员会也就9月的声明基本达成共识。[13] 考虑到货币供应量的增长、通胀已经渗透到更广泛的经济领域、劳动力市场的动态以及通胀预期的逐步增强,达成这样的高度共识确实令人惊讶。这两个委员会似乎已经完全沉浸在自己的宣传中,坚信它们的政策总是会被视为可靠的。

这种情况并非一直如此。回顾20世纪80年代,在保罗·沃尔克的领导下,以及后来艾伦·格林斯潘接任的初期,联邦公开市场委员会上经常出现意见分歧,有时甚至出现截然不同的声音:一些人主张大幅提高利率,而另一些人则建议小幅提升甚至降息。[14] 英格兰银行货币政策委员会也有过类似的争议。比如,在2008年全球金融危机爆发时,委员会内部便出现了分歧,其中一位成员投票支持降息,而另一位成员则支持加息。虽然从后续的发展来看,其中一种选择似乎更具前瞻性,但当时他们都有充分的理由。[15]

在缺乏共识的情况下,不确定性会更为突出。有时,我们收到的信息只能模糊地预测未来。这种歧义在委员会的决策过程中应当得到体现。换句话说,没有异议反而可能表明委员会没有充分履行其职责,在经济面临巨大冲击时尤为如此。

然而，在保罗·沃尔克和艾伦·格林斯潘之后，异议逐渐销声匿迹。各货币委员会最终开始呈现出所谓的"群体思维"。这不禁让人对委员会成员的组成产生怀疑。以英格兰银行为例，四位副行长都曾在英国财政部任职，这样的配置真的合理吗？货币政策委员会的四位外部成员都经过由英国财政部全权负责的面试流程任命，并且自2011年以来，每次选拔小组的外部成员都是货币政策委员会前"外部成员"，这是否合理？此外，其中一位副行长是否应在担任当前职务前负责过外部成员的招聘过程？如果外部成员仅因其有独立思考能力而被提拔为副行长，这样的任命是否妥当？这样的任命是否会让其他外部成员对机构的"共识智慧"产生怀疑？

另一个棘手的问题是委员会主席的角色。委员会主席能否容忍异议？举例来说，一个具有自恋人格的人，在其他委员会成员同意他的（或她的）观点时，可能会表现出迷人的魅力；但如果受到挑战，则可能会表现出敌意，甚至以愤怒和冷漠回击。这种行为可能迫使其他人选择顺从，因为大多数人更愿意避免持续的冲突，选择相对轻松的生活。与此同时，某些政策只有在没有异议的前提下才能"生效"，例如前瞻性指导，它基于货币委员会对未来经济走势的最佳评估，展示了未来政策利率水平的路径。这种指导只有在委员会对未来预期达成广泛一致时才是可信的。然而，虽然可能存在少数需要达成共识的情况——特别是当央行承诺采取"不负责任"的行动以提高未来通胀预期，从而降低当前的"实际"利率至零利率边界时——但这些都是例外而非常规。将这些一致性的时刻常态化，只会使所谓的"可信"变得荒诞不经。[16]

确实，我们不能将提出异议作为委员会工作的硬性要求：在某些情况下，意见一致是完全合理的。然而，在经济和金融充满不确定性的当下，委员会成员在政策投票中展现出不同意见，恰恰说明了委员会在健康活跃地运行着。也就是说，如果委员会长期没有异议，这反而可能是决策失误的信号。因此，国会委员会、议会委员会和媒体等央行负责任的对象，应该鼓励不同的意见，因为这有助于对货币政策的建设性辩论，而非陷入可能引发自满情绪的一致意见中。

换句话说，央行独立性本身并不能真正保证政策成功。决策委员会的动态同样关键：无论经济和政治环境如何，忽视这些动态可能导致糟糕的政策决策。

"单向押注"和金融动荡

货币政策对金融市场有着不容忽视的影响，而"单向押注"的货币政策则可能引发极端的金融效应。这不禁让我想起以下三个事件。

一是互联网泡沫。艾伦·格林斯潘曾坚信20世纪90年代末的"高增长、低通胀"新范式，这一信念助长了互联网泡沫。然而，这场资产价格的繁荣最终破灭，导致了轻微的经济衰退，让生产率增速下降。

二是全球金融危机前的"追逐收益"时期。在这一时期，长期利率下降，部分反映了全球储蓄过剩的现状，助长了次级贷款市场的繁荣。

三是20世纪80年代的日本。当时，受到低油价、日元升值和持续低通胀三重利好因素的推动，日本出现了资产价格的繁荣。

在这三个案例中，随着通胀重新出现，政策利率能够长期维持在低位的期望落空。政策利率被迫上调，导致增长预期相应下调，资产市场因此遭受重创：原本押注于日经225指数、纳斯达克和美国房地产市场持续繁荣的单向投资迅速崩溃。随着乐观情绪消散和流动性减少，金融的脆弱性逐渐暴露：在日本，银行因交叉持股和房地产敞口而极易受到冲击；而在美国，次贷危机揭示了"表外"投资的巨大风险，最终让整个金融体系陷入瘫痪。

后疫情时期，通胀显著上升，实施货币紧缩政策变得尤为必要。然而，货币紧缩同时也伴随着巨大的金融稳定风险。全球金融危机以来的整个时期显然是名义利率"单向押注"的典型例子：毕竟，我们当时所处的是一个通缩放缓或通缩的世界，而不是通胀，因此利率显然保持在极低水平。持续的量化宽松政策，以及全球金融危机后要求银行和其他机构以"安全"政府债券的形式增加持有量以提高资本充足率的监管规定，都强化了这一观点。

在撰写本书之际，"单向押注"正面临转变为"双向押注"的风险。2022年9月，英国养老金危机爆发，国债收益率飙升触发追加保证金的要求，引发连环抛售的恶性循环。在新冠疫情发生后，在利率永远不会上升的乐观预期下，全球房地产市场繁荣发展。然而，随着债券收益率的飙升，房地产市场大幅调整的风险逐渐加剧。作为持续宽松货币政策最明显的投机受益者，加密货币此刻显得尤为脆弱。与此同时，那些出于政治原因无法约束财政挥霍的政府——或许是因为需要为越来越多的经济困难行业提供救助——终将面临国债收益率飙升与货币汇率急速贬值的双重打击。

风险显而易见。如果单向押注的规模与过去一样大，而财政状况远不如过去（由于政府债务大幅增加）且通胀威胁更大，那么经济和金融不良后果的风险肯定会增加；如果必须收紧货币政策，那么在财政政策无法发挥作用的情况下，财政主导的纾困需求可能会增加。一种应付方式是，不要费心对抗通胀，而是将其归咎于不可预见的外部冲击和全球化趋势的逆转，因为任何一个国家都无法对这两者产生真正的影响。然而，正如国际清算银行尖锐地指出的那样，尽管通胀上升——

限制（政府）债务与国内生产总值比率的上升……意外通胀不是财政或货币当局可以或应该依赖的中期公共债务控制机制……央行持有的大量政府债务使问题变得复杂……实际上，它们将长期固定收益转化为与隔夜利率挂钩的债务……总体情况凸显了正常化进程中财政和货币政策之间的紧张关系。这可能会加大各国央行保持过度宽松立场的压力。[17]

通胀从未消失。有时，对于政策制定者来说，当别无选择时，通胀是一种无奈的权宜之计。

通胀保护

本书深入探讨了通胀的成因及其后果，而不是关于资产配置的建议。市场上不乏这类书籍，但多数存在一个通病：难以判断当前是通胀开始的起点，还是摆脱通胀的起点。然而，从历史的角度来看，对通胀的准确判断无疑是资产配置中的关键要素。回溯至1970年，当阿瑟·伯恩斯担任美联储主席时，通胀率已高达5.6%。待他卸任之际，通胀率不仅没有下降，反而上升了，且呈现迅速上涨的态势。考虑到当时的风险因素，1970年并非投资股票的理想时机：在接下来的8年里，有4年股票的实际收益率为负，甚至整个 8 年间的收益率也为负。在伯恩斯任职期间，股票和债券的投资者所遭受的实际损失大致相当。而投资公司债券或房地产虽然可能获得一些小额收益，但总体来说，金融市场在这一时期大多受到了重创。

相比之下，1979 年是投资股票的绝佳时机：在沃尔克时代，也就是通胀最初大幅下降的时期，股票投资者的平均实际收益翻了一番。债券的回报也非常出色：在沃尔克的 8 年任期内，美国国债市场的实际收益率为 60%，而企业债券的收益率为 94%。然而，有一类"资产"的表现要逊色得多：金价在 1970—1978 年增长 5 倍多，但在 1979—1987 年仅上涨 30%。事实上，后一时期包含了两个截然不同的故事：1979—1980 年投资者质疑沃尔克的决心，导致金价大幅上涨，随后是持续的下跌。简而言之，如果公众对控制通胀没有信心，那么对贵金属的需求会大幅增长，但如果公众恢复了信心，对贵金属的需求就会下降。[18]

伯恩斯和沃尔克的经历表明，投资者需要非常谨慎地思考通胀的政治经济学问题。通胀在政治上是否优于一系列令人失望的财政替代方案？当局是否意识到通胀的威胁，还是干脆把它搁置一边了？财政主导地位是否威胁到央行的独立性？金融稳定风险是否如此巨大，以至于无法妥善应对通胀？政策引发的经济衰退会导致通胀消退，还是会导致过早的货币宽松，使通胀在每个经济周期中不断攀升？

如果没有答案，投资者将面临管理不确定性和巨大波动性的棘手挑战。毕竟，金融市场的巨大不确定性时期可能伴随着信念的重大转变。因此，正如20世纪70年代所发生的那样，当年的赢家可能会在下一年变成输家。在这种困难的情况下，唯一的选择是分散投资。

在低通胀的时期，分散投资的机会大大减少：由于大多数国家面临类似的有限价格压力和表现良好的债券市场，即使有分散投资的机会，优势也并不明显。通胀回归，加上金融不稳定威胁改变了这一切。以下几条简单的原则应该会有所帮助：

- 不要只投资于单一国家或货币区，因为你选择的那个国家或地区控制通胀的难度可能更高，从而增加货币风险。[19]
- 不要像一些投资者那样天真地以为股票能提供有力的通胀保护：在20世纪70年代的高通胀时期，股票并没有起到抵御通胀的作用。
- 如果我们真的处于通胀居高不下的历史性时刻，那么持有一些黄金资产是明智之举。
- 必须接受现金和银行存款将带来负利率的现实，因此，过于谨慎的投资策略可能会受到市场的惩罚。
- 鉴于实际收益率为负，可以认真考虑是否像胡戈·迪特尔·施廷内斯那样，通过杠杆交易来购买实物资产（但要知道，不是所有人都有这样的运气）。
- 或许可以基于美国内战后的历史经验反向操作，对欧元的未来进行一次"潜伏"投资：如果欧元区核心出现任何通胀引发的政治动荡，北欧的债券市场就会成为高收益的"准货币"资产。

最后……

阿瑟·伯恩斯和保罗·沃尔克在离开美联储后不久都发表了佩尔·雅各布松讲座。[20] 历史上认为伯恩斯在控制通胀方面失败了，而沃尔克则被视为战胜通胀的无敌英雄。乍看之下，这是一个不公平的结论：在伯恩斯的任期内，美国的通胀率平均为每年6.5%；而在沃尔克的任期内，通胀率平均为5.4%，仅略低于伯恩斯时期。然而，当伯恩斯离任时，通胀率为6.8%并迅速上升；而当沃尔克离任时，通胀率仅为4.3%，在他任职期间曾经更低。

在1979年的演讲中，伯恩斯对中央银行家应对通胀挑战的能力提出了严重质疑。当时，通胀率依然居高不下，他提出了一些关键问题：

全球通胀为什么如此顽固？尽管受影响的国家付出了各种努力，甚至采取了一些非常果断的措施，为什么通胀仍然居高不下？中央银行家的主要职责是应对通胀，但为什么他们难以有效解决这一全球性问题？

关于这三个问题，伯恩斯发表了以下看法：

也许是因为学术训练，也许是生来如此，中央银行家往往高度重视价格稳定，他们在与其他中央银行家和私人金融界同行的接触中，更是对通胀深恶痛绝。然而，尽管他们对通胀有着强烈的反感，而且手握强有力的调控工具，但近年来，他们在抑制通胀方面屡遭挫败。这反映了央行面临的困境。

伯恩斯在解释美国经济通胀趋势时，倾向于采纳早期的里根主义观点。他认为，国家规模过于庞大，对经济持续增长的期望过高，社会支持计划又过于慷慨，等等。这些因素在他看来，是"世界范围内的哲学和政治趋势"，不可避免地影响了央行的决策和行动。就美联储而言，

无论是15年前还是之后的任何时期，它都具备在初期遏制通胀的能力，即便是现在，这种能力也依然存在。它之所以没有这样做，是因为哲学和政治思潮影响着美国生活和文化，而美联储被裹挟其中。

换句话说，央行不愿意实施令人不悦的货币政策，包括明显积极的实际利率。如果美联储这样做了，

就会产生严重的经济后果。面对这些政治现实，美联储有时仍愿意采取紧缩的货币政策……但紧缩持续的时间不足以结束通胀。

从上述时期快进到 1990 年。保罗·沃尔克对人们观念的一个关键转变进行了思考：

我好奇的是，为什么如今央行的地位相较于十几年前更加显赫，这些机构究竟在多大程度上真正有效地掌控了我们的金融命运，这对于维持经济增长和金融稳定又意味着什么呢？

他的解释非常简单：随着通胀日益成为一个棘手的问题，经济生活的其他方面——"增长、就业、生产率"——在逐渐恶化。在这种情况下，货币主义者不再认为通胀本质上是一种货币现象，这在整个政治体系中引起了越来越多的共鸣。换句话说，随着经济现实的改变，政治环境也相应发生了转变。

平心而论，央行开出的药方并不令人满意。"国家接连陷入经济衰退或长期停滞。最终通胀确实得到了控制。然后……经济复苏才得以开始。"在演讲的结尾，沃尔克对控制通胀提出了一

些思考:"如果在公众恐慌之前就控制通胀威胁,那么将会取得最佳效果,拖延只会带来更多负面影响。"此外,"关于货币当局可以在增长、充分就业和稳定之间兼顾一切的空洞警告,可能会让人们对央行真正能做什么产生混淆和误解"。还有,"试图通过过度的货币扩张来验证不谨慎的放贷行为,即使在短期内看似成功,也会很快引发更多的过度扩张"。

沃尔克在抗击通胀方面的贡献功不可没,他于2019年离世,享年92岁。然而,他在职业生涯中积累的丰富的经验教训正渐渐被遗忘。新冠疫情过后,通胀在初期并未得到有效控制,这自然让公众变得高度警惕。在政治压力之下,央行努力想要做到"面面俱到"。我们因恐惧金融不稳定而变得如此谨小慎微,以至于忘记了通胀带来的危险。

伯恩斯或许未能完成他的使命,但他深知通胀的演变在很大程度上是一个政治过程:无论央行是否独立,它都无法在真空中运作。央行很可能会不时采取货币收紧的措施。在一个政治家们承诺"重建更好未来"的世界里,他们提高趋势增长率或保护单一货币完整性的决心将受到前所未有的考验。那些坚信我们仍生活在沃尔克时代的人,可能需要为重回伯恩斯的那个疯狂世界做好准备。

致　谢

在我着手撰写《通胀的教训》的几个月前，关于本书的诸多构想已在我心中悄然萌芽。我曾为汇丰银行研究部撰写文章，并在《旗帜晚报》开设专栏，探讨不断加剧的通胀威胁。然而，我逐渐意识到，一本优秀的通胀主题书籍，需要以更宏大的历史视角来展开叙述，其中必然包含许多当代人鲜少触及的问题。我热切期盼能从那些致力于抗击或抑制通胀的专业人士身上，汲取宝贵的见解与智慧。

因此，我由衷地感谢那些阅读整本书并提供评论的政策制定者。默文·金、特里·伯恩斯、艾伦·巴德［对他们三人更正式的称呼为洛斯伯里的金勋爵（嘉德勋章、爵级大十字勋章），皮尚格的伯恩斯勋爵（巴斯大十字骑士勋章），艾伦·巴德爵士（爵级大十字勋章）］都曾身居英国经济政策制定的核心位置，他们为我提供了极其宝贵的指导和建议。得知艾伦在2023年1月离世，我深感悲痛。一直以来，他都给予我极大的帮助，我将无比怀念他的智慧、热情和慷慨。

汇丰银行的同事们也认真地阅读了本书。特别值得一提的是，全球首席经济学家珍妮特·亨利为我提供了进一步的帮助：2021年，她与我联手撰写了题为《通胀的产生："透视"与"回归"》的汇丰研究报告。此外，汇丰银行的其他同事也提出了许多宝贵的建议，其中包括此前在英格兰银行任职的西蒙·韦尔斯和通胀领域的专家穆拉特·于尔根，后者还向我分享了土耳其洗衣机的故事。瑞安·王和詹姆斯·波默罗伊对我的一些较具争议性的观点提出了有建设性的批评意见。曾就职于汇丰银行的克里斯·布朗－休姆斯担心通胀会影响他的养老金，于是用他那敏锐的编辑视角细致审阅了整本书。

我还与很多人进行了深入交流，无论他们是否清楚本书的主旨，无疑都帮助我强化了本书想要表达的观点。高盛首席全球股票策略师彼得·奥本海默帮我厘清了高通胀时期可行的投资选择。著名精神分析师、《咨询室的秘密》的作者斯蒂芬·格罗斯就集体思维、委员会构建和委员会主席的心理特点提供了精彩的见解。英格兰银行前副行长、著名作家和学者保罗·塔克就量化宽松（以及与财政政策的关系）和英格兰银行的决策提供了宝贵的建议。理查德·库克森是彭博社的专栏作家，也是我学生时代的朋友，他一直让我对通胀保持警觉。

无论是在本书的筹备过程中，还是在收尾阶段，匿名评审人的点评都给予了我极大的启发和帮助：他们无一例外都展现出了对经济历史的深厚理解。夏皮罗珍本书店的创始人伯纳德·夏皮罗也给了我一些启发性的思路，让我想起了魏玛时期的通胀之王。伦敦政治经济学院的经济学教授、英格兰银行另一位前副行长查理·比恩不仅探讨了财政主导，还提出了"金融主导"的潜力。

我要感谢克劳迪奥·博里奥和申铉松的邀请，让我有幸在2022年春季（遗憾的是只能线上参会）出席国际清算银行私人部门首席经济学家圆桌会议，并就通胀议题发表讲话。这次会议让我更清晰地理解了泰勒规则以及其他设定政策利率的方法。同时，我要感谢欧洲改革中心邀请我参加在牛津郡迪奇利公园举办的年会，2022年的会议主题正好是关于战争、新冠疫情和通胀等问题的。作为英国国家经济与社会研究所管理委员会的成员，我有幸与贾格吉特·查达及其团队的杰出人才共事。而作为亨德森欧洲信托的董事，我更是直接见证了通胀的不确定性是如何影响投资者生活的。在2022年11月的专业经济学家协会年度会议上，我参与了关于通胀的讨论，尽管我不确定是否获得了所有观众或同行小组成员的认可，但这次的辩论经历不仅让我收获颇丰，也深感愉悦。

我目前只是兼职在汇丰银行工作，虽然只是兼职身份，但汇丰银行给予了我极大的支持。凯瑟琳·格尼一直都非常热情。马克·塔克、诺埃尔·奎恩、史蒂夫·约翰、蒂姆·罗博顿、帕姆·考尔、乔治·埃尔赫德里、史蒂芬·莫斯、帕特里克·乔治、谢拉德·考珀-科尔斯、海伦·贝洛波尔斯基和戴维·梅都给予了我宝贵的帮助。特别要感谢我的得力助手黛比·法尔屈斯，她一直默默承担着那些我无法独自处理的工作，为我分担了巨大压力。

每一位与耶鲁大学出版社相关的人，都一如既往地给予我极大的鼓励。从出版标准来看，整个流程时间紧迫，但我的编辑朱利安·卢斯始终给予我坚定的支持，弗雷泽·马丁、瑞秋·朗斯代尔和希瑟·内森也为我提供了诸多帮助。同时，我也非常感激克莱夫·利迪亚德的文稿编辑技能和露丝·基利克的出色营销才能。

最后，我要特别感谢我优秀的妻子伊冯娜和我们的三个孩子海伦娜、奥利维娅和索菲。虽然女儿们都已成年，但她们没有经历过长期通胀所带来的种种困扰。为了她们的未来，我希望本书能为探讨通胀问题提供新的视角，从而避免再次陷入错误的政策之中。

2023 年 1 月于伦敦

注　释

前　言

1. 显而易见的是，债券收益率开始迅速上升，尽管为时已晚，但这是对重新出现的通胀迹象的回应，而在英国，伊丽莎白·特拉斯和夸西·克沃滕在 2022 年 9 月宣布的"未编入预算"财政计划导致了严重的问题，威胁到了通胀上升和英镑走弱，因此，英国国债收益率急剧上升。

2. S. D. King, *Grave New World: The end of globalization, the return of history*, revised edition, Yale University Press, London, 2018.

3. 国际货币基金组织在 2020 年 6 月的《世界经济展望》更新版中提出了以下关于通胀风险的典型观点："通胀预期普遍下调，2020 年的下调幅度更大，尤其是对于发达经济体而言。这通常反映了经济活动疲弱和商品价格下跌的综合作用，尽管在某些情况下，这些因素被汇率贬值对进口价格的影响部分抵消。预计 2021 年通胀将逐步上升，符合预期的经济活动回升。然而，通胀前景依然低迷，反映了对总需求持续疲弱的预期。"完整报告可以通过以下链接获取：https://www.imf.org/en/Publications/WEO/Issues/2020/06/24/WEOUpdateJune2020。2021 年 4 月，国际货币基金组织预测，"大多数国家的通胀压力将得到控制"。

4. S. King, 'Despite what central bankers say we're right to worry

about inflation', *Evening Standard*, May 2021, available at https://www.standard.co.uk/comment/comment/despite-central-bankers-rightto-worry-inflation-b935602.html.

5. L. Summers, 'The inflation risk is real', May 2021, available at http://larrysummers.com/2021/05/24/the-inflation-risk-is-real/ or C. Rugaber, 'Inflation ahead? Even a top economist says it's complicated', AP News, June 2021, available at https://apnews.com/article/lifestyle-inflation-business-536d99a7a2d7abf8dd735963e57b237f, quoting Furman.

6. M. Wolf, 'The return of the inflation spectre', *Financial Times*, 26 March 2021, available at https://www.ft.com/content/6cfb36ca-d3ce4dd3-b70d-eecc332ba1df; 'As inflation rises, the monetarist dog is having its day', *Financial Times*, 22 February 2022, available at https://www.ft.com/content/0cd1d666-8842-4c82-8344-07c4e433a408; 'Inflation is a political challenge as well as an economic one', *Financial Times*, 12 July 2022, available at https://www.ft.com/content/2022df1d57c5-44a4-93e6-73f5f5274ca8 (subscription required).

7. R. Cookson, 'Brace yourself for a sharp rise in inflation', Bloomberg, November 2020, available at https://finance.yahoo.com/news/inflation-may-pick-sharply-060002710.html.

8. C. Goodhart and M. Pradhan, *The Great Demographic Reversal: Ageing societies, waning inequality and an inflation revival*, Palgrave Macmillan/Springer Nature, Cham (Switzerland), 2020.

第一章

1. R. Bootle, *The Death of Inflation: Surviving and thriving in the zero era*, Nicholas Brealey Publishing, London, 1996.
2. 当我们观察劳动年龄人口的人均收入时，发现日本的"滞胀"并不是真正的停滞：人口老龄化是导致经济疲弱的最大原因，而不是通缩。
3. 20世纪90年代土耳其的通胀率平均每年达76％。资料来源：IMF World Economic Outlook database, April 2022。
4. 参见 https://www.thisismoney.co.uk/money/news/article3240112/Research-shows-Mars-Bars-shrunk-28-1990s-Yorkies-201980s.html。
5. A. Smith, *The Wealth of Nations*, ed. A. Skinner, Penguin, London, 1982.
6. K. Arrow and G. Debreu, 'Existence of an equilibrium for a competitive economy', *Econometrica*, 22:3 (1954).
7. 更详细的讨论参见 https://www.ons.gov.uk/economy/inflationandpriceindices/articles/coronaviruscovid19andconsumerpriceinflationweightsandprices/2021。
8. 参见 https://www.cambridge.org/core/books/abs/collected-writings-of-john-maynard-keynes/inflation-1919/840D10594658FB428E59B97CA1EB3AE5。
9. E. de Waal, *The Hare with Amber Eyes: A hidden inheritance*, Vintage, London, 2011.
10. 'Argentina's new, honest inflation statistics: The end of bogus accounting', *The Economist*, 25 May 2017, available at https://www.

economist.com/the-americas/2017/05/25/argentinas-new-honest-inflation-statistics.

11. B. Bernanke, 'The Great Moderation: Remarks at the meetings of the Eastern Economic Association', February 2004, available at https://www.federalreserve.gov/boarddocs/speeches/2004/20040220/.

12. 也许因为没有可靠的数据连接统一前的联邦德国与统一后的德国。

13. 量化宽松涵盖了多种资产购买方案，但在所有情况下，其目的都是购买金融资产，以改变相对价格和收益，从而鼓励企业融资和家庭增加消费。

14. ibid.

15. I. Schnabel, 'The globalisation of inflation', address to a conference organised by the Österreichische Vereinigung für Finanzanalyse und Asset Management, available at https://www.ecb.europa.eu/press/key/date/2022/html/ecb.sp220511_1~e9ba02e127.en.html.

16. F. Panetta, 'Normalising monetary policy in non-normal times', policy lecture hosted by the SAFE Policy Center at Goethe University and the Centre for Economic Policy Research, available at https://www.ecb.europa.eu/press/key/date/2022/html/ecb.sp220525~eef274e856.en.html.

17. W. Brainard, 'Uncertainty and the effectiveness of policy', *American Economic Review*, 57:2 (1967), Papers and Proceedings of the Seventyninth Annual Meeting of the American Economic Association.

18. 邦葛罗斯是伏尔泰所著的小说《老实人》中康迪德的导师。他的角色是对莱布尼茨及其追随者的乐观主义的含蓄批判。

第二章

1. D. Paarlberg, *An Analysis and History of Inflation*, Praeger, Westport, CT, 1993.

2. 公平地说，3.6%的年增长率并不算高，但从长期来看，这给货币带来了灾难性影响。而且，对一些人的影响远远大于其他人。即使在两千年前，通胀也同时造就了赢家和输家。

3. 汞是生产白银的重要材料。在殖民时期，由于朱砂冶炼，大量汞蒸气释放到环境中，毒害了植物、动物和人类。N. Robins and N. Hagan, 'Mercury production and use in colonial Andean silver production: Emissions and health implications', Environmental Health Perspectives, 120:5 (2012).

4. O. Volckart, 'Early beginnings of the quantity theory of money and their context in Polish and Prussian monetary policies, c.1520–1550', *Economic History Review*, New Series, 50:3 (1997).

5. 20世纪70年代，当时英国硬币中的铜一度比其面值更值钱，有人建议伦敦交通局熔化累积的成千上万个遗失的硬币，以弥补部分成本。但这可能是违法的。

6. 现代的波兰"兹罗提"（złoty）一词直接翻译自德语和荷兰语中表示金币的历史词语"古尔登"。

7. T. Levenson, *Money for Nothing: The South Sea Bubble and the invention of modern capitalism*, Random House, New York, 2020.

8. 洛克的论点与300多年后默文·金所倡导的"克努特王"理论

相似。简要内容参见 https://www.theguardian.com/business/2021/nov/23/central-banks-have-king-canute-theory-of-inflation-says-former-governor。

9. I. Fisher, assisted by H.G. Brown, *The Purchasing Power of Money: Its determination and relation to credit, interest and crisis*, Macmillan, New York, 1911.

10. 关于这些问题更详细的讨论，参见 T. M. Humphrey, 'The quantity theory of money: Its historical evolution and role in policy debates', Federal Reserve of Richmond Economic Review, May/June 1974, available at https://core.ac.uk/download/pdf/6917453.pdf。

11. J. Goldstone, 'Monetary versus velocity interpretations of the "price revolution": A comment', *Journal of Economic History*, 51:1 (1991), pp. 176–181.

12. 2010年，一些著名经济学家在《华尔街日报》上发表了一封公开信，信中呼吁时任美联储主席本·伯南克立即停止量化宽松，认为"计划中的资产购买可能导致货币贬值和通胀"。他们的错误警告并未阻碍他们个人的职业发展。特朗普总统提名后，公开信的签署人之一戴维·马尔帕斯后来被任命为世界银行行长。参见 https://www.wsj.com/articles/BL-REB-12460（需要订阅）。

13. 凯恩斯也担心他的"流动性陷阱"，即增加货币供应量只会导致更多的资金持有而不是支出。

14. M. Friedman and A. Schwartz, *A Monetary History of the United States, 1867–1960*, National Bureau of Economic Research, Cambridge, MA, 1963.

15. 实际上，对弗里德曼的批评可以用三种略有不同的论点来解释：（1）货币供应对实际经济结果没有影响；（2）货币供应确实有影响，但其滞后效应很长，变化不定且难以预测，因此，尝试利用这一效应只会给经济带来不必要的波动；（3）通胀可能由外生冲击引起，而非过度货币增长，但只有当这些冲击通过随后的不当货币扩张"适应"时，通胀才有可能持续。

16. C. Calomiris and J. Mason, 'Consequences of bank distress during the Great Depression', *American Economic Review*, 93:3 (2003).

17. 'Remarks by Governor Ben S. Bernanke at the conference to honor Milton Friedman', University of Chicago, Illinois, 8 November 2002, available at https://www.federalreserve.gov/boarddocs/speeches/2002/20021108/.

18. S. Pamuk, 'Prices in the Ottoman Empire, 1469–1914', *International Journal of Middle East Studies*, 36 (2004). 像许多其他作者一样，帕穆克不得不依赖有限的数据，主要关注食品。资料来源包括以下几个方面的账簿：（1）宗教基金会及其施食处；（2）托普卡帕宫廷厨房支付的价格；（3）官方规定的价格上限。索引中包括的食品有面粉、大米、动物脂肪、蜂蜜、羊肉、鹰嘴豆和橄榄油。非食品项目包括肥皂、木材、煤和钉子（反映了建筑成本）。

19. F. H. Capie (ed.), *Major Inflations in History*, Edward Elgar, Aldershot, 1991.

20. 另一个有趣的例子是人们如何看待货币（与当局对货币的处理不同），这个例子来自海湾战争期间的伊拉克。M. King, *The End*

of Alchemy: Money, banking and the future of the global economy*, Little, Brown, London, 2016.

21. "全额"返还不一定意味着资本返还,也可能反映了从政府那里获得永久收入流的承诺。

22. 在某种程度上,这与全球金融危机前几年担保债务凭证的扩张有明显相似之处,这些流动性很强的 AAA 级票据实际上往往由流动性差、价值高度不确定的次级抵押贷款支持。像指券一样,它们也因信心崩溃而遭受重创。

23. R. L. Spang, *Stuff and Money in the Time of the French Revolution*, Harvard University Press, Cambridge, MA, 2015.

24. 更详细的讨论参见 C. D. Campbell and G. Tullock, 'Hyperinflation in China, 1937–49', *Journal of Political Economy*, 62:3 (1954)。

25. J. M. Keynes, 'The economic consequences of Mr Churchill' (1925), in E. Johnson and D. Moggridge (eds), *The Collected Writings of John Maynard Keynes*, Vol. IX, *Essays in Persuasion*, Cambridge University Press for the Royal Economic Society, 1978.

26. B. Bernanke and H. James, 'The gold standard, deflation, and financial crisis in the Great Depression: An international comparison' (1991), in B. Bernanke, *Essays on the Great Depression*, Princeton University Press, Princeton, NJ, 2004 or B. Eichengreen, *Golden Fetters: The gold standard and the Great Depression 1919–1939* (NBER Series on Long-term Factors in Economic Development), Oxford University Press, New York/Oxford, 1992.

27. 爱德华一世于 1272—1307 年在位。他绰号"长腿",身高 6 英尺 2 英寸（1.88 米），对于他那个时代来说异常高。他也有点反犹太主义，他于 1290 年发布了"驱逐令"，导致犹太人被驱逐出英国。直到三个半世纪后奥利弗·克伦威尔执政时，犹太人才被重新接纳。

28. 有人认为 20 世纪英国货币持续贬值始于 1936 年，即约翰·梅纳德·凯恩斯发布《就业、利息和货币通论》的那一年。然而，相关性并不一定意味着因果关系。

29. 也有例外，最明显的是 20 世纪 30 年代的通缩，以及近年来日本和欧元区出现的非常温和的通缩。

第三章

1. 1933 年，美元脱离了金本位制。第二次世界大战结束后，布雷顿森林体系重新建立了与黄金的联系，这是一种固定但可调整的汇率制度。1971 年，尼克松总统切断了与黄金的联系。

2. United States House of Representatives, 'The Legislation Placing "In God We Trust" on National Currency', Historical Highlights, History, Art & Archives, available at https://history.house.gov/HistoricalHighlights/1951-2000/The-legislation-placing-%E2%80%9CInGod-We-Trust%E2%80%9D-on-national-currency/.

3. G. C. Eggleston, *A Rebel's Recollections* (1875), reprinted by Indiana University Press, Bloomington, IN, 1959.

4. 其他方面也可能发生变化。就像巴西一样，采用慷慨的通胀指数化安排的政府可能不会从通胀上升中获益太多。例如，任何与通胀指数挂钩的工资或养老金都必须随通胀而上涨，从而抵消政府财政在其他方面可能享有的优势。这种"问题"最新的例子包括英国的养老金"三重锁定",即养老金每年按收入增长、物价上涨或 2.5% 的最高值增长。

5. 2011 年泰勒去世后,有传言称,按照泰勒的遗愿,她将与前夫合葬在日内瓦(伯顿的遗骸就在那里),或者他们将合葬在塔尔伯特港附近的庞特希迪芬。最终,泰勒的遗体留在了洛杉矶,不过她带着伯顿在去世前几天写给她的最后一封未发表的情书入土。

6. 参见 https://www.whitehouse.gov/about-the-white-house/presidents/franklin-d-roosevelt/。

7. 其他解释包括:在英国,希望通过增加银行在英格兰银行的存款来增加货币供应;在美国,希望迫使股票价格上涨,以期产生财富效应。事实上,没有人确切地知道这个"试验"将如何发展。

8. 有趣的是,在通胀率明显上升的背景下,量化宽松政策有可能立即逆转。债市义警开始回归:他们的行动在一定程度上导致了英国伊丽莎白·特拉斯政府的提前结束。

9. 'People's inflation expectations are rising – and will be hard to bring down', *The Economist*, June 2022, available at https://www.economist.com/finance-and-economics/2022/06/19/peoplesinflation-expectations-are-rising-and-will-be-hard-to-bring-down.

10. Office for Budget Responsibility, 'Debt maturity, quantitative easing and interest rate sensitivity', Economic and Fiscal Outlook, March 2021, available at https://obr.uk/box/debtmaturity-quantitative-easing-and-interest-rate-sensitivity/.

11. 价格水平的财政理论在这里具有相关性，参见 J. H. Cochrane, 'The fiscal theory of the price level' (2021), available at https://static1.squarespace.com/static/5e6033a4ea02d801f37e15bb/t/61b79f3e95fc6559bce8ed34/1639423807095/Fiscal_theory_JEP.pdf。

12. 德拉吉于 2012 年 7 月 23 日发表了他的著名演讲。

13. 参见 https://www.ecb.europa.eu/press/pr/date/2022/html/ecb.pr220721~973e6e7273.en.html。

14. ibid.

15. 参见 https://braveneweurope.com/dirk-ehnts-warren-mosler-a-eurozone-proposal-for-fighting-the-economic-consequences-of-the-coronavirus-crisis。

16. S. Kelton, *The Deficit Myth: Modern Monetary Theory and how to build a better economy*, John Murray, London, 2020.

17. ibid.

18. 参见 https://braveneweurope.com/dirk-ehnts-warren-mosler-a-eurozone-proposal-for-fighting-the-economic-consequences-of-the-coronavirus-crisis。

19. 配给制是广泛使用的替代方案，或者说是补充方案。

20. 未具体说明的条约：1985 年石油价格崩溃，但两伊战争一直持续，直到 1988 年陷入僵局。无论如何，各国的通胀情况都大相径庭，这表明货币政策的差异发挥着重要作用。

21. S. Kelton, 'There are so many things we could be doing – together – to crush inflation', June 2022, available at https://stephaniekelton.

substack.com/p/catch-me-on-the-mehdi-hasan-show.

22. ibid.

23. J. M. Keynes, *How to Pay for the War: A radical plan for the chancellor of the Exchequer*, Macmillan and Co. Limited, London, 1940, available at https://fraser.stlouisfed.org/files/docs/historical/Misc/howtopayforthewar_1940.pdf.

24. 通胀也是将人们拖入更高税收档次的机制，例如，如果工资没有随着物价上涨而增加。

25. 这个想法是避免受到海妖之声的诱惑，因为海妖的声音会把水手引向岩石悬崖。

第四章

1. 参见 http://content.time.com/time/covers/0,16641,19230317,00.html。

2. 'The Ruhr', *Time* magazine, 17 March 1923, available at https://content.time.com/time/subscriber/article/0,33009,715096,00.html.

3. World Inequality Database, specifically https://wid.world/country/united-kingdom/.

4. 具有讽刺意味的是，2021年之后，高于预期的通胀被归咎于脱欧。

5. J. E. Alt, *The Politics of Economic Decline: Economic management and political behaviour in Britain since 1964*, Cambridge University Press, Cambridge, 1979; and J. Tomlinson, 'British government and popular understanding of inflation in the mid-1970s', *Economic History Review*, 67:3 (2014).

6. HMSO, 'Attack on Inflation: A Policy for Survival: A guide to the Government's Programme', Crown Copyright, August 1975, available at https://wdc.contentdm.oclc.org/digital/collection/tav/id/53.

7. 供参考，联邦德国的数据分别为 5.6% 和 3.6%。

8. 1976年，两位英国学者预见到："有充分理由相信，汇率下降在一定程度上与货币政策的实施有关。" R. J. Ball and T. Burns, 'The inflationary mechanism in the UK economy', *American Economic Review*, 66:4 (1976). 伯恩斯勋爵（现为巴斯大十字骑士勋章）于1980年成为财政部的首席经济顾问，于1980年成为英国财政部首席经济顾问，直接参与了中期金融战略的制定，这一金融框架是玛格丽特·撒切尔的保守党在20世纪80年代采用的典型政策。然而，在20世纪70年代中期，即使是他，也没有完全放弃收入政策：在《通胀机制》一文中，鲍尔和伯恩斯总结说，收入政策"可以帮助防止社会尝试以与国家整体效率水平不一致的价格进行定价，并防止必要的盈利率被侵蚀，而无须通过制造大规模失业来实现同样的目标"。最终，收入政策被放弃，大规模失业成为现实。

9. 不同的规则适用于电话等待时间：与超市体验不同，很难看出前面有多少"人"以及有多少收银台正在运作。这是一个典型的信息不对称的例子，公司比顾客更了解真实情况。

10. R. J. Ball and T. Burns, 'The inflationary mechanism in the UK economy', *American Economic Review*, 66:4 (1976).

11. 值得注意的是，在20世纪30年代，并非所有政府都能偿还贷款。在那 10 年里，每个拉丁美洲国家都出现了违约。

12. J. Banks and S. Tanner, *Household Saving in the UK*, Institute for Fiscal Studies, London, 1999, available at https://ifs.org.uk/publications/ household-saving-uk.

13. 乔治·拉兹比是昙花一现的邦德二号人物。戴维·尼文在《007：大战皇家赌场》的"恶搞"版本中扮演邦德。

14. 一些人更早离开。名副其实的专辑《流亡街头》大部分是由滚石乐队于 1971 年在法国南部的一座别墅中录制的。甲壳虫乐队在 1966 年的《左轮手枪》专辑中抱怨了"税务员"。

15. 1978—1979 年的"不满的寒冬"表明他们在一定程度上是正确的。

16. 通胀的下降本身就是英国经济强劲增长的原因之一：随着通胀的下降，为实现之前因通胀而削弱的财富目标，储蓄的需求也减少了。因此，储蓄率下降，支出增加。

17. 'Bank of England chief under fire for wage restraint call', *Financial Times*, 4 February 2022, available at https://www.ft.com/content/b661b0cd-2f2b-4465-882e-c62ff19bf1c8 (subscription required).

第五章

1. 这是马拉多纳利率理论的一个版本。2005 年，默文·金在担任英格兰银行行长期间在梅斯讲座中生动地描述了这一理论。

2. A.W. Phillips, 'The relation between unemployment and the rate of change of money wage rates in the United Kingdom, 1861–1957', Economica, November 1958, available at https://onlinelibrary.

wiley.com/doi/epdf/10.1111/j.1468-0335.1958.tb00003.x.

3. 并非所有国家都致力于失业率和通胀之间的权衡，例如，在 20 世纪 60 年代末，英国在固定汇率和有限跨境资本流动的世界中面临的主要挑战是如何在失业率和国际收支之间进行权衡。

4. M. Friedman, 'The role of monetary policy', *American Economic Review*, 58:1 (1968).

5. E. S. Phelps, 'Phillips curves, expectations of inflation and optimal unemployment over time', *Economica*, 34:135 (1967).

6. T. Sargent, 'The ends of four big inflations', in R.E. Hall (ed.), *Inflation: Causes and effects*, University of Chicago Press, Chicago, IL, 1982, available at https://www.nber.org/system/files/chapters/c11452/ c11452.pdf.

7. 这与新冠疫情封控的情况有相似之处。在正常情况下，封控是完全不可接受的，但在严重的疫情中，大多数人愿意默许。换句话说，政策选择取决于一个国家在特定时间的具体情况。

8. 北海石油实际上是英国经济的意外收益——尤其是在 1979 年伊朗革命后油价翻了一番的情况下；然而，资源必须从经济回报较低的领域转移。汇率是实现这一目标的机制之一。不幸的是，这在一定程度上摧毁了制造业（特别是在中部地区），并伴随失业率的大幅上升。北海石油生产是资本密集型的，但使用的工人相对较少。

9. 还有更早的例子。例如，古巴比伦的《汉谟拉比法典》中就有证据表明，早在戴克里先颁布"物价敕令"的两千年前，就已经存在物价管制了。

10. A. Kropff, 'An English translation of the Edict on Maximum Prices, also known as the Price Edict of Diocletian', Academia. edu, April 2016. 威胁采取比死刑更严厉的惩罚是一个有趣的想法。

11. 水蛭可以被用来治疗各种疾病，一些穷人会用自己的身体作为"人肉陷阱"来收集水蛭。同时，"拾荒者"则在下水道的污水中四处搜寻，希望找到不小心弄丢的贵重物品，尽管会把自己搞得一身臭气，但有时候的确能有所收获。

12. C. Whiteman, 'A new investigation of the impact of wage and price controls', *Federal Reserve Bank of Minneapolis Quarterly Review*, Spring 1978.

13. 关于这些问题的对话，参见 M. Sandbu, 'Central bankers should think twice before pressing the brake even harder', *Financial Times*, 19 April 2022; and S. King, 'Letter: Policymakers should recall the lessons of the 1970s oil crisis', *Financial Times*, 28 April 2022, available respectively at https://www.ft.com/content/41c248a2-4d30-4a47-a10c-7e37459e1829 and https://www.ft.com/content/8b237789-dcfa-4499bfb7-f52ac9dc4ad1 (subscription required)。

14. I. Weber, 'Could strategic price controls help fight inflation?', *Guardian*, 29 December 2021, available at https://www.theguardian.com/business/commentisfree/2021/dec/29/inflation-price-controlstime-we-use-it and T. N. Tucker, 'Price controls: How the US has used them and how they can help shape industries', Roosevelt

Institute, November 2021, available at https://rooseveltinstitute.org/wp-content/uploads/2021/11/RI_Industrial-Policy-Price-Controls_Brief-202111. pdf.

15. S. King, 'Fighting inflation: Are price controls about to make a comeback?', HSBC Global Research, January 2022, available at https://www.research.hsbc.com/C/1/1/320/qjcVtbb.

16. H. Rockoff, *Drastic Measures: A history of wage and price controls in the United States*, Cambridge University Press, Cambridge, 1984.

17. 实际上，中国和印度对俄罗斯能源的需求持续上升（从而提高了俄罗斯出口商品的价格和价值），明显缓解了西方制裁对俄罗斯经济的影响。

18. 实际上，通过抬高批发价格，补贴的作用并不在于保护那些本应受益的人的生活水平，而是增加全球天然气生产商的收入，包括那些恶意生产商。

19. 详见第七章：今天的独立央行是否有政治权力在20世纪70年代末和80年代初应对高通胀，这一点尚不明确。

20. 有关2021年及以后通胀潜在驱动因素的详细讨论，参见R. Reis, 'The burst of high inflation in 2021–2022: How and why did we get here?', CEPR Press Discussion Paper No.17514 (2002), available at https://cepr.org/publications/dp17514。

21. 关于通胀预期"问题"的一个略显技术性但非常有趣的总结，参见J. B. Rudd, 'Why do we think that inflation expectations matter for inflation? (And should we?)', Finance and Economics Discussion Series, Divisions of Research & Statistics and

Monetary Affairs, Federal Reserve Board, Washington, DC, September 2021, available at https://www.federalreserve.gov/econres/feds/files/2021062pap.pdf。

22. 格雷泽家族拥有曼联，但在许多球迷中并不受欢迎。这个特别的口号是在2020年1月老特拉福德球场的一场比赛中喊出来的，比赛结果是曼联以0比2输给了实力较弱的伯恩利。*Daily Star*, 23 January 2020, available at https://www.dailystar.co.uk/sport/football/every-anti-glazer-chant-belted-21342055.

第六章

1. 一些人认为，后疫情时期的通胀与二战后的经验存在相似之处。F. S. Mandelman, 'Money aggregates, debt, pent-up demand and inflation: Evidence from WWII', Center for Quantitative Economic Research, Federal Reserve Bank of Atlanta, May 2021, available at https://www.atlantafed.org/-/media/documents/research/publications/policy-hub/2021/05/17/04-wwii-and-today--monetaryparallels.pdf.

2. A. Barber, 'Remarks during industrial and economic situation debate', House of Commons, 6 February 1974, available at https://www.theyworkforyou.com/debates/?id-1974-02-06a.1233.1.

3. Hansard, House of Commons Debates, 26 March 1974, vol. 871, cc282–9, available at https://api.parliament.uk/historic-hansard/commons/1974/mar/26/the-economic-outlook.

4. ibid.

5. https://www.theyworkforyou.com/search/?pid=16553&pop=1.

6. 最明显的是，英国坚持广义货币总量的做法（这反映了无息狭义货币与有息存款之间关系的不稳定性）导致了反直觉的结果：较高的利率增加了对定期存款的需求，提高了货币供应，而原本的目标恰恰相反。此外，即使货币增长依然强劲，通胀也开始下降。

7. 古德哈特定律是以其作者查尔斯·古德哈特的名字命名的，该定律规定："一旦某种统计规律被用作控制目的，该规律就会趋于崩溃。"

8. J. B. Taylor, 'Discretion versus policy rules in practice', Carnegie-Rockefeller Conference Series on Public Policy, 39 (1993), available at http://web.stanford.edu/~johntayl/Papers/Discretion.PDF.

9. S. King, 'The credibility gap', HSBC Research, September 2008, available (to HSBC clients) at https://www.research.hsbc.com/R/10/VQ3gpj8Qjohf.

10. 有些人回顾了过去，发现无论采取何种规则，20世纪70年代的通胀都难以遏制。L. Benati, 'The "Great Moderation" in the United Kingdom', *Journal of Money, Credit and Banking*, 40:1 (2008).

11. C. Bean, 'Globalisation and inflation', Speech to the LSE Economics Society, Bank of England, October 2006, available at https://www.bankofengland.co.uk/-/media/boe/files/speech/2006/globalisation-and-inflation.

12. J. H. Stock and M.W. Watson, 'Has the business cycle changed and

why?', in M. Gertler and K. Rogoff (eds), *NBER Macroeconomics Annual 2002*, Vol. 17, MIT Press, Cambridge, MA, 2002.

13. 早期对这种方法的辩护（以及对预测使用的辩护），参见 A. Budd, 'Economic policy, with and without forecasts', The Sir Alec Cairncross Lecture, November 1998, available at https://www.bankofengland.co.uk/-/media/boe/files/speech/1998/economic-policy-with-and-without-forecasts.pdf。

14. L.E.O. Svensson, 'Monetary policy strategies for the Federal Reserve', *International Journal of Central Banking*, February 2022.

15. 'Taylor Rule utility', Center for Quantitative Economic Research, Federal Reserve Bank of Atlanta, available at https://www.atlantafed.org/cqer/research/taylor-rule?panel=1.

16. B. Broadbent, 'Lags, trade-offs and the challenges facing monetary policy', Speech given at the Leeds University Business School, December 2021, available at https://www.bankofengland.co.uk/-/media/boe/files/speech/2021/december/lags-trade-offs-and-the-challenges-facingmonetary-policy-speech-by-ben-broadbent.pdf.

17. 2002年5月16日星期一，向下议院财政委员会提供的口头证词，参见 https://committees.parliament.uk/oralevidence/10215/pdf/。

18. M. King, 'Monetary policy in a world of radical uncertainty', Institute of International Monetary Research Annual Public Lecture, November 2021.

19. 由于纸币和硬币提供了保证的零名义利率，所以对银行存款施加显著负利率是很困难的，更不用说维持了：在极端情况下，人们会将他们的钱从银行取出，引发银行崩溃。

20. 这一点并非普遍适用：在2022年9月克沃滕的"微型预算案"之后，英格兰银行的首席经济学家休·皮尔警告称，银行可能不得不采取更积极的行动来应对财政政策放松带来的通胀后果。然而，实际上，英格兰银行在第二天就被迫大量购买政府债务，以防止国债市场的崩溃。

21. S. King, 'Bubble trouble', HSBC, London, 1999.

22. S. Tenreyro, 'Monetary policy during pandemics: Inflation before, during and after Covid-19', Bank of England, April 2020, available at https://www.bankofengland.co.uk/-/media/boe/files/speech/2020/monetary-policy-during-pandemics.pdf.

23. M. Saunders, 'Covid-19 and monetary policy', Bank of England, May 2020, available at https://www.bankofengland.co.uk/-/media/boe/files/speech/2020/covid-19-and-monetary-policy-speech-by-michaelsaunders.pdf.

24. G. Vlieghe, 'An update on the economic outlook', Bank of England, February 2021, available at https://www.bankofengland.co.uk/-/media/boe/files/speech/2021/february/an-update-on-the-economic-outlookspeech-by-gertjan-vlieghe.pdf.

25. J. Powell, 'Monetary policy in the time of COVID', at the Macroeconomic Policy in an Uneven Economy economic policy symposium sponsored by the Federal Reserve Bank of Kansas City, Jackson Hole, WY, available at https://www.federalreserve.

gov/newsevents/speech/powell20210827a.htm.

26. 中央银行家和苏联核能的负责人之间存在一种可怕的联系：切尔诺贝利核事故发生后的几天里，中高权力层不愿相信这一事故会发生。

第七章

1. 特拉斯政府财政计划的部分问题在于，对英格兰银行回应的不确定性。

2. 随着通胀上升，一些央行开始转向量化紧缩——出售资产表上的资产，从而吸收流动性。然而，没有任何一家央行明确放弃长期的量化宽松，这意味着在经济疲软期，量化宽松可能会再次出现。

3. G. Lyons, 'Why Truss's plans for fiscal easing are affordable, non-inflationary – and necessary', conservativehome, September 2022, available at https://conservativehome.com/2022/09/06/gerard-lyonswhy-trusss-plans-for-fiscal-easing-are-not-inflationary-but-necessary/.

4. 央行仍然需要偶尔充当"最后贷款人"，但这样的情况应被视为例外，而不是常规。

5. 'ECB Knowledge & Attitudes Survey 2021', conducted by Kantar Belgium SA, at the request of the European Central Bank, January 2022, available at https://www.ecb.europa.eu/ecb/access_to_documents/document/pa_document/shared/data/ecb.dr.par2022_0007_knowledge_attitudes_survey2021.en.pdf.

6. 'Bank of England/Ipsos Inflation Attitudes Survey – August 2022', available at https://www.bankofengland.co.uk/inflation-attitudes-survey/2022/august-2022. 向下滚动页面点击链接，可以找到自 1999 年以来的完整数据表格。

7. B.S. Bernanke, *21st Century Monetary Policy: The Federal Reserve from the Great Inflation to COVID-19*, Norton, New York, 2022, especially chapter 2, 'Burns and Volcker'.

8. 这种方法存在重大风险，尤其是 1984 年大陆伊利诺伊银行的破产以及后来的储蓄和贷款危机。消除通胀会暴露许多原本可能一直潜伏的金融弱点。

9. 我想知道，随着时间的推移，特拉斯试验是否会被视为英国右翼的密特朗的社会主义版本。

10. 当时，货币政策的校准因金融部门内正在发生的结构性变化程度而变得复杂。

11. Federal Reserve Press Release, 15 December 2021, available at https://www.federalreserve.gov/monetarypolicy/files/monetary20211215a1.Pdf.

12. 'Bank Rate maintained at 0.1% – September 2021, Monetary Policy Summary and minutes of the Monetary Policy Committee meeting', available at https://www.bankofengland.co.uk/monetary-policy-summary-and-minutes/2021/september-2021.

13. 九人委员会中的两名成员（戴夫·拉姆斯登和迈克尔·桑德斯）投票支持终止资产购买，从而结束了量化宽松，但没有人投票支持提高利率。

14. 'A history of FOMC Dissents', Federal Reserve Bank of St Louis, available at https://www.stlouisfed.org/fomcspeak/history-fomc-dissents.

15. 'Monetary Policy Committee Voting History', Bank of England, accessible via a link on successive 'Monetary Policy Summary' webpages. As an example, the summary dated 22 September 2022 is available at https://www.bankofengland.co.uk/monetary-policy-summary-andminutes/2022/september-2022. 2008年的"异议者"是"鹰派"教授蒂姆·贝斯利和"鸽派"教授戴维·布兰奇弗劳尔。

16. G.B. Eggertsson, 'How to fight deflation in a liquidity trap: Committing to being irresponsible', IMF Working Paper WP/03/64, Washington, DC, 2003, available at https://www.imf.org/external/pubs/ft/wp/2003/wp0364.pdf or G.B. Eggertsson and M. Woodford, 'The zero bound on interest rates and optimal monetary policy', *Brookings Papers on Economic Activity*, 1 (2003), available at https://www.brookings.edu/wp-content/uploads/2003/01/2003a_bpea_eggertsson.pdf.

17. 'Chapter 1: Old challenges, new shocks', Bank for International Settlements Annual Economic Report, June 2022, available at https://www.bis.org/publ/arpdf/ar2022e1.htm.

18. 撰写本书时，金价仍处于低位，表明投资者仍然认为通胀将在中期内表现良好。

19. 英镑在20世纪70年代中期的崩溃就是一个例证。

20. 佩尔·雅各布松是瑞典经济学家，曾在1956—1963年担任国际货币基金组织总裁。这两篇演讲分别是：A. F. Burns, 'The anguish of central banking' (1979) and P. A. Volcker, 'The triumph of central banking?' (1990), both available at http://www.perjacobsson.org/lectures.htm。

参考文献

Alt, J.E., *The Politics of Economic Decline: Economic management and political behaviour in Britain since 1964*, Cambridge University Press, Cambridge, 1979

Arrow, K. and G. Debreu, 'Existence of an equilibrium for a competitive economy', *Econometrica*, 22:3 (1954)

Ball, R.J. and T. Burns, 'The inflationary mechanism in the UK economy', *American Economic Review*, 66:4 (1976)

Banks, J. and S. Tanner, *Household Saving in the UK*, Institute for Fiscal Studies, London, 1999, available at https://ifs.org.uk/publications/household-saving-uk

Bean, C., 'Globalisation and inflation', Speech to the LSE Economics Society, Bank of England, October 2006, available at https://www.bankofengland.co.uk/-/media/boe/files/speech/2006/globalisation-and-inflation

Benati, L., 'The "Great Moderation" in the United Kingdom', *Journal of Money, Credit and Banking*, 40:1 (2008).

Bernanke, B., 'Remarks by Governor Ben S. Bernanke at the conference to honor Milton Friedman', University of Chicago, Illinois, 8 November 2002, available at https://www.federalreserve.gov/boarddocs/speeches/2002/20021108/

Bernanke, B., 'The Great Moderation: Remarks at the meetings of the Eastern Economic Association', February 2004, available at https://www.federalreserve.gov/boarddocs/speeches/2004/20040220/

Bernanke, B., *21st Century Monetary Policy: The Federal Reserve from the Great Inflation to COVID-19*, Norton, New York, 2022

Bernanke, B. and H. James, 'The gold standard, deflation, and financial crisis in the Great Depression: An international comparison' (1991), in B. Bernanke, *Essays on the Great Depression*, Princeton University Press, Princeton, NJ, 2004

Blanchard, O., A. Domash and L. Summers, 'Bad news for the Fed from the Beveridge space', Policy Brief, Peterson Institute for International Economics, Washington, DC, July 2002, available at https://www.piie.com/sites/default/files/documents/pb22-7.pdf

Bootle, R., *The Death of Inflation: Surviving and thriving in the zero era*, Nicholas Brealey Publishing, London, 1996

Brainard, W., 'Uncertainty and the effectiveness of policy', *American Economic Review*, 57:2 (1967), Papers and Proceedings of the Seventy-ninth Annual Meeting of the American Economic Association

Broadbent, B., 'Lags, trade-offs and the challenges facing monetary policy', Speech given at the Leeds University Business School, December 2021, available at https://www.bankofengland.co.uk/-/media/boe/files/speech/2021/december/lags-trade-offs-and-the-challenges-facing-monetary-policy-speech-by-ben-broadbent.pdf

Budd, A., 'Economic policy, with and without forecasts', The Sir Alec Cairncross Lecture, November 1998, available at https://www.bankofengland.co.uk/-/media/boe/files/speech/1998/economic-policy-with-and-without-forecasts.pdf

Burns, A.F., 'The anguish of central banking' (1979), available at http://www.perjacobsson.org/lectures/1979.pdf

Calomiris, C. and J. Mason, 'Consequences of bank distress during the Great Depression', *American Economic Review*, 93:3 (2003)

Campbell, C.D. and G. Tullock, 'Hyperinflation in China, 1937–49', *Journal of Political Economy*, 62:3 (1954)

Capie, F.H. (ed.), *Major Inflations in History*, Edward Elgar, Aldershot, 1991

Congdon, T., 'Letter: Let's revive the seventies habit of targeting the money supply', *Financial Times*, 8 March 2021, available at https://www.ft.com/content/ff9b7393-f6ed-4b05-8873-1fe197181ba0 (subscription required)

Cookson, R., 'Brace yourself for a sharp rise in inflation', Bloomberg, November 2020, available at https://finance.yahoo.com/news/inflation-may-pick-sharply-060002710.html

De Waal, E., *The Hare with Amber Eyes: A hidden inheritance*, Vintage, London, 2011

The Economist, 'Argentina's new, honest inflation statistics: The end of bogus accounting', 25 May 2017, available at https://www.economist.com/the-americas/2017/05/25/argentinas-new-honest-inflation-statistics

Eggertsson, G.B., 'How to fight deflation in a liquidity trap: Committing to being irresponsible', IMF Working Paper WP/03/64, Washington, DC, 2003, available at https://www.imf.org/external/pubs/ft/wp/2003/wp0364.pdf

Eggertsson, G.B. and M. Woodford, 'The zero bound on interest rates and optimal monetary policy', *Brookings Papers on Economic Activity*, 1 (2003), available at https://www.brookings.edu/wp-content/uploads/2003/01/2003a_bpea_eggertsson.pdf

Eggleston, G.C., *A Rebel's Recollections* (1875), reprinted by Indiana University Press, Bloomington, IN, 1959

Eichengreen, B., *Golden Fetters: The gold standard and the Great Depression 1919–1939* (NBER Series on Long-term Factors in Economic Development), Oxford University Press, New York/Oxford, 1992

Figura, A. and C. Waller, 'What does the Beveridge curve tell us about the likelihood of a soft landing?', FEDS Notes, Board of Governors of the Federal Reserve System, 29 July 2022, available at https://www.federalreserve.gov/econres/notes/feds-notes/what-does-the-beveridge-curve-tell-us-about-the-likelihood-of-a-soft-landing-20220729.html

Fisher, I., assisted by H.G. Brown, *The Purchasing Power of Money: Its determination and relation to credit, interest and crisis*, Macmillan, New York, 1911

Friedman, M., 'The role of monetary policy', *American Economic Review*, 58:1 (1968)

Friedman, M. and A. Schwartz, *A Monetary History of the United States, 1867–1960*, National Bureau of Economic Research, Cambridge, MA, 1963

Goldstone, J., 'Monetary versus velocity interpretations of the "price revolution": A comment', *Journal of Economic History*, 51:1 (1991), pp. 176–181

Goodhart, C. and M. Pradhan, *The Great Demographic Reversal: Ageing societies, waning inequality and an inflation revival*, Palgrave Macmillan/Springer Nature, Cham (Switzerland), 2020

Her Majesty's Stationery Office (HMSO), 'Attack on Inflation: A Policy for Survival: A guide to the Government's Programme', Crown Copyright, August 1975, available at https://wdc.contentdm.oclc.org/digital/collection/tav/id/53

Humphrey, T.M, 'The quantity theory of money: Its historical evolution and role in policy debates', *Federal Reserve of Richmond Economic Review*, May/June 1974, available at https://core.ac.uk/download/pdf/6917453.pdf

Kelton, S., *The Deficit Myth: Modern Monetary Theory and how to build a better economy*, John Murray, London, 2020

Kelton, S., 'There are so many things we could be doing – together – to crush inflation', June 2022, available at https://stephaniekelton.substack.com/p/catch-me-on-the-mehdi-hasan-show

Keynes, J.M., 'Inflation' (1919), in E. Johnson and D. Moggridge (eds), *The*

Collected Writings of John Maynard Keynes, Vol. IX, *Essays in Persuasion*, Cambridge University Press for the Royal Economic Society, 1978

Keynes, J.M., 'The economic consequences of Mr Churchill' (1925), in E. Johnson and D. Moggridge (eds), *The Collected Writings of John Maynard Keynes*, Vol. IX, *Essays in Persuasion*, Cambridge University Press for the Royal Economic Society, 1978

Keynes, J.M., *How to Pay for the War: A radical plan for the chancellor of the Exchequer*, Macmillan and Co. Limited, London, 1940, available at https://fraser.stlouisfed.org/files/docs/historical/Misc/howtopayforthewar_1940.pdf

King, M., 'Monetary Policy: Practice Ahead of Theory', Mais Lecture, 2005, available at https://www.bankofengland.co.uk/-/media/boe/files/speech/2005/monetary-policy-practice-ahead-of-theory

King, M., *The End of Alchemy: Money, banking and the future of the global economy*, Little, Brown, London, 2016

King, M., 'Monetary policy in a world of radical uncertainty', Institute of International Monetary Research Annual Public Lecture, November 2021

King, S.D., 'Bubble trouble', HSBC, London, 1999

King, S.D., 'The credibility gap', *HSBC Research*, September 2008, available (to HSBC clients) at https://www.research.hsbc.com/R/10/VQ3gpj8Qjohf

King, S.D., *Grave New World: The end of globalization, the return of history*, revised edition, Yale University Press, London, 2018

King, S.D., 'Despite what central bankers say we're right to worry about inflation', *Evening Standard*, May 2021, available at https://www.standard.co.uk/comment/comment/despite-central-bankers-right-to-worry-inflation-b935602.html

King, S.D., 'Fighting inflation: Are price controls about to make a comeback?', HSBC Global Research, January 2022, available at https://www.research.hsbc.com/C/1/1/320/qjcVtbb

King, S.D., 'Letter: Policymakers should recall the lessons of the 1970s oil crisis', *Financial Times*, 28 April 2022, available at https://www.ft.com/content/8b237789-dcfa-4499-bfb7-f52ac9dc4ad1 (subscription required)

Kropff, A., 'An English translation of the Edict on Maximum Prices, also known as the Price Edict of Diocletian', Academia.edu, April 2016

Levenson, T., *Money for Nothing: The South Sea Bubble and the invention of modern capitalism*, Random House, New York, 2020

Lyons, G., 'Why Truss's plans for fiscal easing are affordable, non-inflationary – and necessary', conservativehome, September 2022, available at https://conservativehome.com/2022/09/06/gerard-lyons-why-trusss-plans-for-fiscal-easing-are-not-inflationary-but-necessary/

Mandelman, F.S., 'Money aggregates, debt, pent-up demand and inflation:

Mandelman, F.S., 'Money aggregates, debt, pent-up demand and inflation: Evidence from WWII', Center for Quantitative Economic Research, Federal Reserve Bank of Atlanta, May 2021, available at https://www.atlantafed.org/-/media/documents/research/publications/policy-hub/2021/05/17/04-wwii-and-today--monetary-parallels.pdf

Office for Budget Responsibility, 'Debt maturity, quantitative easing and interest rate sensitivity', Economic and Fiscal Outlook, March 2021, available at https://obr.uk/box/debt-maturity-quantitative-easing-and-interest-rate-sensitivity/

Paarlberg, D., *An Analysis and History of Inflation*, Praeger, Westport, CT, 1993

Pamuk, S., 'Prices in the Ottoman Empire, 1469–1914', *International Journal of Middle East Studies*, 36 (2004)

Panetta, F., 'Normalising monetary policy in non-normal times', policy lecture hosted by the SAFE Policy Center at Goethe University and the Centre for Economic Policy Research, available at https://www.ecb.europa.eu/press/key/date/2022/html/ecb.sp220525~eef274e856.en.html

Phelps, E.S., 'Phillips curves, expectations of inflation and optimal unemployment over time', *Economica*, 34:135 (1967)

Phillips, A.W., 'The relation between unemployment and the rate of change of money wage rates in the United Kingdom, 1861–1957', *Economica*, November 1958, available at https://onlinelibrary.wiley.com/doi/epdf/10.1111/j.1468-0335.1958.tb00003.x

Powell, J., 'Monetary policy in the time of COVID', at the Macroeconomic Policy in an Uneven Economy economic policy symposium sponsored by the Federal Reserve Bank of Kansas City, Jackson Hole, WY, available at https://www.federalreserve.gov/newsevents/speech/powell20210827a.htm

Robins, N. and N. Hagan, 'Mercury production and use in colonial Andean silver production: Emissions and health implications', *Environmental Health Perspectives*, 120:5 (2012)

Reis, R., 'The burst of high inflation in 2021–2022: How and why did we get here?', CEPR Press Discussion Paper No.17514 (2002), available at https://cepr.org/publications/dp17514

Rockoff, H., *Drastic Measures: A history of wage and price controls in the United States*, Cambridge University Press, Cambridge, 1984

Rudd, J.B., 'Why do we think that inflation expectations matter for inflation? (And should we?)', Finance and Economics Discussion Series, Divisions of Research & Statistics and Monetary Affairs, Federal Reserve Board, Washington, DC, September 2021, available at https://www.federalreserve.gov/econres/feds/files/2021062pap.pdf

Rugaber, C., 'Inflation ahead? Even a top economist says it's complicated', AP News, June 2021, available at https://apnews.com/article/lifestyle-inflation-business-536d99a7a2d7abf8dd735963e57b237f

Sandbu, M., 'Central bankers should think twice before pressing the brake even harder', *Financial Times*, 19 April 2022, available at https://www.ft.com/content/41c248a2-4d30-4a47-a10c-7e37459e1829 (subscription required)

Sargent, T., 'The ends of four big inflations', in R.E. Hall (ed.), *Inflation: Causes and effects*, University of Chicago Press, Chicago, IL, 1982, available at https://www.nber.org/system/files/chapters/c11452/c11452.pdf

Saunders, M., 'Covid-19 and monetary policy', Bank of England, May 2020, available at https://www.bankofengland.co.uk/-/media/boe/files/speech/2020/covid-19-and-monetary-policy-speech-by-michael-saunders.pdf

Schnabel, I., 'The globalisation of inflation', address to a conference organised by the Österreichische Vereinigung für Finanzanalyse und Asset Management, available at https://www.ecb.europa.eu/press/key/date/2022/html/ecb.sp220511_1~e9ba02e127.en.html

Smith, A., *The Wealth of Nations*, ed. A. Skinner, Penguin, London, 1982

Spang, R.L., *Stuff and Money in the Time of the French Revolution*, Harvard University Press, Cambridge, MA, 2015

Stock, J.H. and M.W. Watson, 'Has the business cycle changed and why?', in M. Gertler and K. Rogoff (eds), *NBER Macroeconomics Annual 2002*, Vol. 17, MIT Press, Cambridge, MA, 2002

Summers, L., 'The inflation risk is real', May 2021, available at http://larrysummers.com/2021/05/24/the-inflation-risk-is-real/

Svensson, L.E.O., 'Monetary policy strategies for the Federal Reserve', *International Journal of Central Banking*, February 2022

Taylor, J.B., 'Discretion versus policy rules in practice', *Carnegie-Rockefeller Conference Series on Public Policy*, 39 (1993), available at http://web.stanford.edu/~johntayl/Papers/Discretion.PDF

Tenreyro, S., 'Monetary policy during pandemics: Inflation before, during and after Covid-19', Bank of England, April 2020, available at https://www.bankofengland.co.uk/-/media/boe/files/speech/2020/monetary-policy-during-pandemics.pdf

Time, 'The Ruhr', 17 March 1923, available at https://content.time.com/time/subscriber/article/0,33009,715096,00.html

Tomlinson, J., 'British government and popular understanding of inflation in the mid-1970s', *Economic History Review*, 67:3 (2014)

Tucker, T.N., 'Price controls: How the US has used them and how they can help shape industries', Roosevelt Institute, November 2021, available at https://rooseveltinstitute.org/wp-content/uploads/2021/11/RI_Industrial-Policy-Price-Controls_Brief-202111.pdf

United States House of Representatives, 'The Legislation Placing "In God We Trust" on National Currency', Historical Highlights, History, Art & Archives, available at https://history.house.gov/Historical-Highlights/1951-2000/The-legislation-placing-%E2%80%9CIn-God-We-Trust%E2%80%9D-on-national-currency/

Vlieghe, G., 'An update on the economic outlook', Bank of England, February 2021, available at https://www.bankofengland.co.uk/-/media/boe/files/speech/2021/february/an-update-on-the-economic-outlook-speech-by-gertjan-vlieghe.pdf

Volckart, O., 'Early beginnings of the quantity theory of money and their context in Polish and Prussian monetary policies, c.1520–1550', *Economic History Review*, New Series, 50:3 (1997)

Volcker, P.A., 'The triumph of central banking?' (1990), available at http://www.perjacobsson.org/lectures/1990.pdf

Voltaire, F., *Candide, or Optimism*, trans. T. Cuffe, Penguin, London, 2006

Weber, I., 'Could strategic price controls help fight inflation?', *Guardian*, 29 December 2021, available at https://www.theguardian.com/business/commentisfree/2021/dec/29/inflation-price-controls-time-we-use-it

Whiteman, C., 'A new investigation of the impact of wage and price controls', *Federal Reserve Bank of Minneapolis Quarterly Review*, Spring 1978

Wolf, M., 'The return of the inflation spectre', *Financial Times*, 26 March 2021, available at https://www.ft.com/content/6cfb36ca-d3ce-4dd3-b70d-eecc332ba1df (subscription required)

Wolf, M., 'As inflation rises, the monetarist dog is having its day', *Financial Times*, 22 February 2022, available at https://www.ft.com/content/0cd1d666-8842-4c82-8344-07c4e433a408 (subscription required)

Wolf, M., 'Inflation is a political challenge as well as an economic one', *Financial Times*, 12 July 2022, available at https://www.ft.com/content/2022df1d-57c5-44a4-93e6-73f5f5274ca8 (subscription required)

Woodford, M., 'Public debt and the price level', Paper prepared for the Bank of England Conference on Government Debt and Monetary Policy, 18–19 June 1998, available at https://blogs.cuit.columbia.edu/mw2230/files/2017/08/BOE.pdf